Elternzeit in Thailand

interconnections

Elternzeit in Thailand

Elefanten, Schnuller, Tempel und Warum-Fragen

Sabine Sandner

interconnections

Zur Autorin

Sabine Sandner, Jahrgang 1978, war schon immer von Fernweh geplagt. Nach einem High School Aufenthalt in Alabama, USA, entschied sie sich, ihre Leidenschaft für das Reisen zum Beruf zu machen.
Als Diplom-Kauffrau arbeitet sie für einen Reiseveranstalter, nebenberuflich als Autorin von Reise- und Kurzgeschichten.
Wenn sie in ihrer Freizeit nicht schreibt, liest sie, macht Yoga, malt, spielt mit den Kindern oder entdeckt mit ihrer Familie ferne Länder.

Impressum
Reihe »ReiseTops«, Band 23
Elternzeit in Thailand
Elefanten, Schnuller, Tempel und Warum-Fragen

Erste Auflage
2014
ISBN: 978-3-86040-211-5

Umschlagentwurf: Sonja Münkner
Alle Fotos von der Autorin

Verlag interconnections,
interconnections, Schillerstr. 44, 79102 Freiburg
Tel. +49 761 700 650, Fax +49 761 700 688
info@interconnections.de
www.interconnections.de
Verlagsprogramm bei: www.interconnections-verlag.de
www.reisetops.com

Griechenland neu entdeckt

Landschaften, Menschen, Begegnungen

Griechenland heute, neu erlebt, neu erwandert. Museen und Ruinen natürlich, aber auch die kaum erschlossene Bergwelt mit ihren den Göttern geweihten Gipfeln, Schluchten und heiligen Quellen. Ausgezeichnete Einblicke in die reiche Vogel- und Blumenwelt.
Brochierte Ausgabe, s/w-Foto

136 S
15,90 €

Spanien, wie wir es lieben

Kastilien und Estremadura – Städte & Landschaften

Reise durch das Herz Spaniens, ein Land in Bewegung, quirlige Städte, nette Begegnungen und immer spannend. Man merkt, wie viel Herzblut die Autorin in ihrem Werk stecken hat. Wunderschöne Farbfotos.

158 S.
16,90 €

Reise ins Herz Australiens

Menschen, Mythen und Geschichten

Potpourri von Beobachtungen, Begegnungen, Geschichten sowie Hintergründen zur australischen Gesellschaft.
Brochierte Ausgabe

180 S.
15,90 €

interconnections.de

interconnections-verlag.de, > Katalog oder im Buchhandel

Mit Dutt und Highheels - Abenteuer Stewardess

Höhenflüge, Turbulenzen, Weltspaziergänge

Stewardess – das lässt sehnsuchtsvolle Bilder bei vielen jungen Frauen aufsteigen. Hier also plaudert eine moderne Nomadin aus ihrem Leben. Am faszinierendsten ist es allerdings immer wieder auf der Erde. Davon berichtet sie.

Brochierte Ausgabe, s/w-Fotos
Ca. 206 S
15,90 €

Das Herz Saigons

Vietnams mystische Gans, ein Hippie, Sex und Gier

Phantastischer, unterhaltsamer Abenteuerroman und nebenher ein Schlüssel zum Verständnis Saigons und seiner Bewohner. Einführung in die Stadt und in die oft eigensinnige Mentalität, alles mitten aus dem Leben. Schwarz-weiß-Fotos.

190 S.
15,90 €

Sex, Mord und Halluzinationen

Traum und Alptraum eines Aussteigers in Venezuela

Ein Frankfurter Banker, beschreibt und verarbeitet in seinem Roman abenteuerliche und lebensgefährliche Erlebnisse während seiner Rucksackreise durch Venezuela.

152 S.
15,90 €

interconnections.de

interconnections-verlag.de, > Katalog oder im Buchhandel

ANKOMMEN AUF KOH SAMUI

Vorfreude

„Kannst Du wieder Elternzeit nehmen?" fragte ich meinen Mann. Er schaute mich kurz an, bevor sein Blick erneut zu dem in eine Decke eingewickelten Menschlein wanderte. Torsten schien jede Silbe seiner prompten Antwort zu genießen: „Oh ja, das werde ich." Das kleine Bündel in seinem Arm schlief unbeeindruckt weiter. Johann war zwölf Stunden alt und kerngesund, was die ganze Familie auf Wolke sieben schweben ließ. „Wir können ja eine Reise unternehmen", schlug ich vor, „vielleicht sogar die ganzen acht Wochen im Ausland verbringen. Dann hätten wir viel Zeit, abseits des Alltags unsere Jungs zu erleben. Zum Beispiel in ... Thailand." Verträumt das schlafende Baby musternd, verzog er keine Miene. „Ist gut. Machen wir."
So oder so ähnlich verlief unser erstes Gespräch über die Möglichkeit, Torstens zwei Elternzeit-Partnermonate in Thailand zu verbringen. Ich war froh, dass er meinen Vorschlag nicht als Spinnerei abgetan hatte. Überlegt hatte ich es mir schon eine ganze Weile, wollte aber zunächst sichergehen, dass unser neues Familienmitglied wohlbehalten auf dieser Welt landet. Nun war das Kerlchen da, und die Idee platzte heraus. Thailand! Wir reisen mit Baby und Vorschulkind nach Thailand. In ein tropisches Land, dessen Kultur so andersartig ist, dass es unser westlich orientiertes Weltbild komplett auf den Kopf stellt. Wir träumten von weißen Sandstränden, goldenen Tempeln und der thailändischen Küche, von Natur, Ruhe und Elefanten. Auch dachten wir darüber nach, dass sich Ausländer aufgrund der vielen detailreichen Eigenheiten im Umgang miteinander nie korrekt verhalten können. Thailand! Warum? Weil es funktionieren wird.

Im Internet fand ich Birgit, ein recht unasiatischer Name, die ein Haus im Norden der Insel Koh Samui vermietete. Sie ließ sich von unseren Fragen nicht aus der Ruhe bringen und beantwortete geduldig, dass ein Pürierstab vorhanden (Babynahrung), der Fußweg zu den nächstgelegenen Restaurants geteert (Kinderwagen) und dass Klopapier sowie Bettwäsche (Packliste) nutzbar seien. Innerhalb weniger Tage machten wir unsere Familienbasis auf Zeit dingfest. Ich war aufgeregt und freute mich auf die weiteren Vorbereitungen, hatte aber auch Respekt vor dem, was uns erwartet. Wie lebt es sich als Farang (=thailändische Bezeichnung für einen westlichen Ausländer) in Thailand? Kann ich den Kindern bei der Verarbeitung der vielen Eindrücke helfen, während ich gleichzeitig mit meinen eigenen Reise-Impressionen beschäftigt bin? Tauchen wir überhaupt ein in einen deutsch-thailändischen Familienalltag oder werden wir „auf der Reise“ bleiben? Drei Monate vor der Abreise eröffneten wir unserem sozialen Umfeld das Vorhaben. In vielen Aspekten ähnelte die Nachricht der Verkündung einer Schwangerschaft. Sobald ich ausgesprochen hatte, wurden die Augen meiner Gegenüber größer und die Stimmen lauter. Und nicht zu vergessen: innerhalb kurzer Zeit wussten es eine ganze Menge Menschen. Als wir unserem Sohn Carl offenbarten, dass wir einen langen Familienurlaub in einem weit entfernten Land machen werden, strahlten seine Augen. Er rief „Jaaa!“, reckte seine Faust in die Höhe und baute weiter an seinem Lego-Flugzeug. Dieselbe Reaktion entlockte ich ihm nur wenig später, als ich sein Leibgericht auftischte.

Ich packe meinen Koffer ...

Schon Monate vor Abflug packte ich in Gedanken. Nun ja, nicht ganz. Ich ergoss sie listenweise. Als Listen-App-Power-Userin arbeitete ich mit großem Enthusiasmus alle To-Do's ab, während ich mich im Paralleluniversum an den Alltag mit zwei kleinen Kindern gewöhnte.
Mit der thailändischen Sprache hatte ich große Pläne. Lange Kinderwagen-Spaziergänge paukte ich Vokabeln und Aussprache mit Hilfe von akustischen Sprachtrainern. Thai ist eine Tonsprache, das heißt, dass Wörter durch ihre Aussprache in unterschiedlichen Tonhöhen und Tonverläufen gänzlich unterschiedliche Bedeutungen erlangen. Besonders gefällt mir der Satz “Kai kai kai kai”. Er bedeutet “Wer verkauft Hühnereier?”. Jedes „Kai” wird anders betont und hat dadurch einen anderen Sinn. Es gibt fünf verschiedene Tonhöhen (mittel, tief, hoch, steigend und fallend), ein eigenes Alphabet und eine Menge Dialekte. Am Ende des Spaziergangs stellte ich fest, dass ich bereits 20% des Gelernten vergessen habe, und am Ende einer Lektion konnte ich nahezu von vorne anfangen. Entsetzt über meine Unfähigkeit, mir Wörter und Sätze mit ihren Tonhöhen und Bedeutungen zu merken, gab ich nach ein paar Wochen auf und beschränkte mich auf die wichtigsten Touristen-Vokabeln:

Sawadi Kah (wenn eine Frau spricht, ansonsten mit der Endung Kap) – Hallo/Tschüss
Khop Khun Kah / Khop Khun Kap – Danke
Koh Toht – Entschuldigung
Tschai – Ja
Mai Tschai – Nein
Pät – scharf
Pät Pät – sehr scharf
Aroi – lecker
Koh – Insel

Essentiell für kulinarische Highlights sind die Wörter Gemüse (=Phak), Fisch (=Plah), Tintenfisch (=Plahmük), Reis (=Kao), Rindfleisch (=Nüa), Hühnerfleisch (=Gai) und Schweinefleisch (=Muh). Damit kann nichts schief gehen. Auch nüng, soong, saam, sii, haa, hok, djet, päät, gao, sip wollten erst nicht in meinen Kopf hinein und jetzt nicht mehr heraus.

In der Apotheke bediente mich eine hübsche Frau, die ein strahlendes Lächeln zeigte, bevor sie minutenlang hinter einer Schachtelwand verschwand. Das, was sie mitbrachte, passte nicht mehr in ihre zwei Hände, so dass sie den Inhalt ihres Arm-Körbchens vor mir auf die Verkaufstheke kippte und begann, die vielen Schachteln unterschiedlicher Größe fein säuberlich zu sortieren. „Sie brauchen etwas gegen Durchfall, gegen Übelkeit und Erbrechen, zur Vorbeugung von Mückenstichen und zur Behandlung von Mückenstichen und Sonnenbrand. Daneben Fiebersaft, Fieberzäpfchen, Nasentropfen zur Befeuchtung der Nasenschleimhäute und abschwellende Nasentropfen. Sonnenschutz werden sie schon haben, oder?“ Dabei machte sie Schachtel-Häufchen. Ein Häufchen für Babys, ein Häufchen für Kinder und ein Häufchen für Erwachsene. Nein, es waren Haufen. Mit einer überdimensionierten Reiseapotheke und einer teuren Auslandsreise-Krankenversicherung, die sogar Leistungen der plastischen Chirurgie abdeckte, schoben wir die Gedanken über Krankheiten, Unfälle und andere schreckliche Dinge, die uns vor Ort herausfordern könnten, beiseite. Kinder werden krank. Und Erwachsene auch. Das ist so. Und ob das hier passiert oder in Thailand, ist egal. Wir mussten uns nur gut vorbereiten, vor allem die Angst vor Eventualitäten nicht unser Denken und Handeln beeinflussen lassen. Angst lässt Träume zerplatzen. Nein, wir hatten keine Angst.

Was passierte kurz vor Abreise? Klar, mein Kind wurde krank. Zu seinem fünften Geburtstag wünschte sich Carl einen Familienausflug nach Hamburg, wo wir einen sonnigen Tag verbrachten. Nach geschlagenen vier Stunden im Miniatur-Wunderland suchte er sich ein spanisches Restaurant in der Nähe der Landungsbrücken aus und stillte seinen ersten Hunger mit frischem Brot und Knoblauchgetränkter Aioli. Es dauerte nicht lange, bis es ausbrach, vor allem aus ihm heraus. Der kleine Kerl tat mir unendlich leid. Er quälte sich zwei Tage und Nächte mit Fieber und Durchfall, bevor er ins Krankenhaus eingewiesen wurde. Da lag er nun in seinem Bett, Kuscheltier und Infusion mit Ringerlösung im Arm, kreidebleich und traurig. „Aber wir wollen doch nach Thailand fahren“ seufzte er mit starrem Blick an die Decke. Das Labor bestätigte den Verdacht der Salmonellen-Vergiftung, die Ärzte gaben sich teils zuversichtlich, teils entsetzt ob unserer Reisepläne. Entkräftet wechselten wir uns mit den Nachtschichten im Krankenhaus ab, während Torsten seine Abwesenheit im Büro vorbereitete und ich die letzten Besorgungen tätigte. Bei der Entlassung war Carl noch nicht beschwerdefrei. Uns blieben sieben Tage, um ihn gesund zu pflegen, zu Kräften kommen zu lassen und vor allem eine Entscheidung zu treffen.

Also hegten und pflegten wir ihn, beobachteten den weiteren Verlauf, bevor wir zwei Tage vor Abflug den Familien-Beschluss fällten, den Flug anzutreten. Mein Sohn zeigte wieder erste Anzeichen des Herumtollens und eröffnete mir: „Mama, ich bin so glücklich, dass ich den Schrei nicht mehr zurückhalten kann!". Erleichtert holte ich erstmal eine Menge Schlaf nach.

Die letzte Aufgabe folgte. Glücklicherweise hatte ich schon in Listen gepackt, so dass die bloße Zusammenstellung der Kofferinhalte keine Tätigkeit war, die mich nun, 24 Stunden vor Abflug, noch stressen konnte. Carl half beim Einpacken, während Johann wieder auspackte, was Torsten wiederum zurückpackte. Ganze Familienarbeit also. Unter anderem wanderten Spucktücher, Lätzchen, Spielzeug, noch mehr Spielzeug, ein mobiler Kindersitz, Schwimmwindeln, Schnullerketten, Baby-Milchpulver, Milch- und Getreide-Breie, Feuchttücher, Wickelunterlagen, eine aufblasbare Babywanne, Spannbettlaken, Mückenschutznetz, Baby-Gläschen für die ersten Tage, Windeln, Plastiklöffel, Baby-Schwimmsitz, Schwimmflügel, Schnuller, Ersatz-Schnuller und Ersatz-Ersatz-Schnuller, Flaschenbürste, Thermoskanne für die Milchzubereitung, Carls Lieblings-DVDs sowie Kinder-Ipod ins Gepäck. Habe ich das Spielzeug erwähnt? Es war eine Menge, zu dem Carl noch mehr hinzugeschmuggelt hat. Es passte auch alles in zwei Koffer, zumindest nachdem Torsten und ich unsere Kleidung wieder auspackten.
So kurz vor Abreise beschlich mich ein eigenartig ruhiges Gefühl. Das ganze Vorhaben fühlte sich so richtig und natürlich an. Noch einmal schlafen.

Hannover – München – Bangkok und atmen

Alle Listen sind abgearbeitet, die ganze Familie ist ausgeschlafen, fröhlich und gelassen. Noch zehn Minuten bis zur vereinbarten Abholzeit. Windeln wechseln. Carl auf die Toilette schicken. Schuhe anziehen. Das Gepäck bahnt sich seinen Weg in den Kofferraum des Minibusses. Jetzt kommt sie doch, die Nervosität. Haben wir an alles gedacht? Ist alles dabei? Was müssten wir vergessen, um erneut zurückfahren zu müssen? Tickets, Pässe, Baby-Verpflegung und Windeln für die nächsten 30 Stunden, Baby-Tragesitz, Ehemann, zwei Kinder. Es kann losgehen.

Während der zwanzigminütigen Fahrt zum Flughafen kommentiert Carl ohne Pause alles und jeden, den er im Vorbeifahren sieht. Auch der inzwischen zehn Monate alte Johann ist gelöst, brabbelt vor sich hin, lacht und ... drückt. Großartig! Nach einer Weile muss ich den Fahrer bitten, die Fenster zu öffnen, und ich frage mich, ob die Windeln im Handgepäck reichen werden. Am Flughafen wollen wir aber erstmal einchecken und die Koffer und das Sperrgepäck loswerden, bevor es eine frische Windel gibt. Leider dauert der Eincheck-Prozess ungewöhnlich lange. Zunächst stellt die stark geschminkte Mitarbeiterin vom Bodenpersonal fest, dass das Baby nicht gebucht sei. Sie zieht eine Kollegin zu Rate, worauf die beiden auf dem Computer herumklimpern, bis sie meinen Sohn virtuell finden oder erfinden. Und dann sind mit 25 kg und 30 kg auch die Koffer zu schwer. Ich weiß nicht, ob es Mitleid oder der fürchterliche Gestank der vollen Windel ist, der sie besänftigt, eine „grooοße Ausnahme" machen und die Koffer bis Bangkok durch-checken lässt. Auch bei der Sicherheitskontrolle kommen wir in den Genuss einer „groooßen Ausnahme", weil ich nach dem Geschmack der Sicherheitsbeamten zu viel Babykost dabei habe. Immerhin musste ich meinen Laptop nicht aus dem Rucksack wühlen, denn, so der Beamte, der Kollege hinter dem Bildschirm sei neu und könne ihn ohnehin nicht erkennen. Mit einem guten Gefühl der Flugsicherheit treten wir die erste Teilstrecke an.

Am liebsten würde ich nun am Fenster die Flugvorbereitungen unserer Maschine beobachten, innehalten und realisieren. Geht aber nicht. Es ist 18 Uhr und Johann hat Hunger. Somit balanciere ich Plastikschüsselchen und Thermoskanne auf den ledernen Wartesitzen und rühre Milchbrei an, während Torsten mit Carl am Fenster fachsimpelt. Dieser Flug zu dieser Uhrzeit und auf dieser Strecke ist ein „Beraterbomber", prall gefüllt mit grauen, grau-schwarzen und schwarzen Anzügen, Etuikleidern und Trollies, die jeden erlaubten Handgepäck-Millimeter ausnutzen. Ich muss schmunzeln. Vor nicht allzu langer Zeit saß ich auch dort, auf der „anderen Seite", und habe die Passagiere aus den Augenwinkeln beobachtet, die aus dem Business-Brei herausstechen: Rentner, frisch verliebte Paare und halt auch Familien. Und jetzt sitze ich hier und füttere meinen kleinen Sohn mit Abendbrei, während ich von unzähligen Augenpaaren gemustert werde, die, zwar nur kurz, aber dafür immer wieder hinter ihrem Laptop oder ihrer Tageszeitung zu mir hinüberblinzeln. Es fühlt sich an wie zwei unterschiedliche Welten, bald werde ich auch wieder auf „der anderen Seite" sitzen.
Der Flug nach München ist kurzweilig. Die ganze Familie lacht über einen Anzug tragenden Passagier, der sich – schräg vor uns sitzend und in seine Lektüre vertieft – sehr lange mit dem Fang eines Popels beschäftigt, bis er ihn schließlich vertilgt. Carl findet Fliegen toll, redet ohne Unterbrechung und fragt kichernd, warum es beim Blick aus dem Fenster so staubt (Wolken) und warum der Pilot hupen muss (Stewardess-Ruf). Auch Johann brabbelt vor sich hin, fummelt an der Tischklappe des Vordersitzes herum und ... drückt schon wieder. Sofort wird der im Flugzeug vorherrschende Business-Duft überlagert von den Ausdünstungen meines Babys. Jetzt habe ich nur noch fünf Windeln im Handgepäck. Das wird spannend.

„Mama, wann sind wir da?" – „Bald."

Nach der inneren Uhr der Kinder ist es mitten in der Nacht, als wir in München ankommen. Johann schläft, im Tragesitz vor meinem Bauch geschnallt, während Carl müde auf seiner bayrischen Brezel herumkaut. Es kommt mir nicht ungele-

gen, dass wir, auf den Weiterflug wartend, als Erste boarden dürfen. In der Boeing 747 der Thai Airways werden wir von den Flugbegleitern mit einem wai begrüßt, der traditionellen thailändischen Grußhandlung, Respektsbezeugung, Entschuldigungs- und Danke-Geste, sowie einem dermaßen herzlichen Lächeln, das die Augen unserer Gegenüber nahezu verschwinden lässt. Ich habe im Vorfeld viel gelesen über den wai und habe dabei gelernt, dass Farangs zwar viel falsch machen können, sich Thais dennoch über jeden Versuch der Langnasen freuen. Also lege ich meine Handflächen aneinander, halte sie senkrecht nach oben, berühre mich damit ganz leicht irgendwo zwischen Kinn und Oberkörper (beziehungsweise mein Kängurubaby), halte meine Oberarme dicht an meinem Körper, achte darauf, dass sich meine Ellenbogen nicht nach außen drehen, vergesse dabei, die Fingerspitzen leicht nach innen zu neigen und verbeuge mich zu guter Letzt ganz leicht. Und lächle natürlich dabei. Die Thais, an die mein Farang-wai gerichtet ist, freuen sich tatsächlich, während ich froh bin, in den nächsten Wochen etwas Übung darin zu bekommen. Meine Geste fühlt sich noch steif und ungewohnt an. Vor allem bin ich zu schnell. Ge-wai-t wird graziös und in gefühlter Zeitlupe. So hat man auch ein besseres Gespür dafür, die richtige Position der Hände sowie des Kopfes zu finden. Je höher die Hände gehalten werden, desto höher ist der Respekt oder die Höflichkeit der ausführenden gegenüber der empfangenen Person. Und wer wen zuerst grüßt, hängt wiederum von der sozialen Stellung ab. Gar nicht so einfach.
Carl wird von der Flugbegleiterin an der Hand zu unserer Sitzreihe geführt. Das ist erst der Anfang der liebevollen Betreuung von uns als reisende Familie. Und dann? Johann schläft, Carl schläft und ich sitze da, ungläubig über den romantischen Flug, den uns unsere Kinder bescheren. Als wir alle aufwachen, beträgt die restliche Flugzeit noch eine Stunde, die wir für ein ausgiebiges Frühstück nutzen. Johann hat sein im Vorfeld gebuchtes Baby Meal (für Babys zwischen sechs und zwölf Monaten) verschlafen, daher großen Hunger. Nach der Landung bin ich trotzdem erschöpft und bereit für eine ausgiebige Dusche.

Reise über …

Krung Thep Mahanakhon Amon Rattanakosin Mahinthara Ayuthaya Mahadilok Phop Noppharat Ratchathani Burirom Udomratchaniwet Mahasathan Amon Piman Awatan Sathit Sakkathattiya Witsanukam Prasit

Auf einem hochflorigen Hotelteppich sitzend, trinkt Johann Möhrensaft, den wir neben einem Lätzchen, einer großen Packung Servietten und Windeln von Thai Airways bekommen haben. Wir sind angekommen! Ich realisiere die entspannte Anreise immer noch nicht. Schließlich habe ich mich auf das Schlimmste gefasst

gemacht mit zwölf Stunden Flugzeugspaziergang und Dauergebrüll, während Carl rastlos hinter mir hertanzt.
Die anschließende Passkontrolle, der Gepäck-Empfang an einem der 22 Gepäckausgaben, das erste Geldwechseln in die thailändische Währung Baht sowie der Transfer ins Flughafenhotel Novotel Suvarnabhumi Airport haben wir in ausgeschlafenem, satten Zustand erledigt. Der neue internationale Flughafen Bangkoks ist erst 2006 in Betrieb genommen worden und damit der modernste Flughafen Asiens. Die Wege sind, geschuldet seiner Größe, weit und die Architektur mit seinem runden Stahlfachwerkdach und den Sonnensegelbogen imposant.
Ich liebe große Flughäfen mit ihrer einzigartigen Komposition von Menschen aus aller Welt. Während Carl den Auslauf genießt, macht er uns beim Anblick von reisenden Burka-Trägerinnen aufgeregt darauf aufmerksam, dass es hier Geister gebe. Das Hotel ist ein gutes Airport-Kettenhotel, das mit modernem Glas-Design und westlich schmeckendem Pad Thai Gai (gebratenen Nudeln mit Hühnchen) nicht durchfällt, aber auch nicht heraussticht. Hier ist alles ausgerichtet auf Langstrecken-Reisende, die sich in einer Art Zwischenwelt befinden: nicht mehr am Reisebeginn, aber noch nicht am Ziel, nicht mehr im Westen, aber noch nicht im Osten.

Der Zwischenstopp in Bangkok dient vor allem der Körperhygiene, des Durchatmens und Begreifens. So wie, nach einer Erzählung, die Urwaldbewohner des oberen Amazonas einen Forschungsreisenden zum langsamen Reisen animiert haben, weil ansonsten ihre Seelen zurückblieben und man warten müsse, bis sie ihre Körper wieder eingeholt haben. So wollen wir zunächst in Bangkok warten, bis uns unsere Seelen die 8.799 km um die halbe Welt nachgereist sind. Während ich dusche, mustere ich meine Familie durch die Jalousie, die als Blickschutz an der Glaswand angebracht ist, welche das Hotelbad vom Schlafraum trennt. Die Jungs spielen in Body und Unterhose auf dem Boden, toben, krabbeln und sind laut. Ich muss es mir noch einmal bewusst machen: meine Kinder spielen gerade auf dem Fußboden eines Bangkoker Hotels! Nicht zu fassen. Ich bin glücklich.
Gleichzeitig habe ich das Gefühl, dass die zwei kleinen Menschen in weitere Teile meiner Welt eindringen, in jene Teile, die bislang noch nicht von Kindern besiedelt sind. Das Drumherum eines asiatischen Hotels ist mir von vorhergehenden Besuchen vertraut, ich kenne den speziellen Geruch des Wassers, den der Reinigungs- und Schädlingsbekämpfungsmittel, ich erinnere mich an den Hauch des Großstadt-Smogs, der durch die Fenster eindringt, und natürlich an die höflich-zurückhaltenden Thais. Dies ist eine Welt, in der ich bislang ausschließlich für mich zuständig und verantwortlich war. Nun erobern die zwei kleinen Wesen auch diesen Bereich meines Lebens, einfach nur, indem sie mit mir hier sind.

Am Nachmittag schlägt der Jetlag zu. Nach mitteleuropäischer Zeit ist der Tag nun vorbei, und wir arbeiten hart daran, der Müdigkeit und Erschöpfung nicht nachzugeben. Ich kann Johann nicht davon abhalten, nach seiner inneren Uhr zu

schlafen, während ich mit Carl auf einer kleinen Empore in der Hotel-Lobby spiele, auf der kleinen Gästen Holzspielzeug zur Verfügung gestellt wird. Mir ist schwindelig von der kalten Luft, die mir die Klimaanlage entgegen bläst. Schläfrig und entkräftet wünsche ich mir für einen kurzen Moment, in den kommenden Stunden nur für mich und meine Bedürfnisse da sein zu dürfen. Wünschen darf ich es mir, während ich virtuell an der Holztasse nippe, die mir mein Sohn als Cappuccino mit viel Milch serviert.
Bevor wir am nächsten Tag den einstündigen Weiterflug nach Koh Samui antreten können, müssen wir an diesem späten Nachmittag noch ein Problem lösen. Es ist zu bezweifeln, dass wir beim Check-In des Inlandsflugs erneut in den Genuss einer „groooßen Ausnahme“ kommen werden, was das Übergewicht unserer Koffer angeht. Wie gut, dass wir am heutigen Abend noch nichts vorhaben! Unsere ursprünglichen Reisepläne sahen allerdings nicht vor, dass wir, nur wenige Stunden nach Ankunft, mit Baby und 5-Jährigem ins abendliche Bangkok eintauchen, um auf einem der Night Markets Koffer-Shopping zu gehen. Ehrlicherweise hätte ich mir im Vorfeld selbst einen Vogel gezeigt, wenn ich uns so beobachtete hätte, wie wir in der Lobby stehen und überlegen, wer mit dem Taxi in den etwa 20 Minuten entfernten Shopping-Komplex „The Paseo“ fahren wird. Nun hat die Reise bislang reibungslos funktioniert, so dass wir mutiger werden. Zumindest fühlt es sich in diesem Moment wie Mut an. Nach kurzer Diskussion fällt die Entscheidung „alle oder keiner“, worauf wir ein Taxi rufen lassen.

Ich hasse Bangkok. Ich liebe Bangkok.

Bangkok, so die international gebräuchliche Bezeichnung, hat mich mit seinen mehr als acht Millionen Einwohnern schon vier Male geflasht. Es gibt keine Stadt auf der Welt, die ich gleichzeitig mehr liebe und hasse. Bangkok ist einzigartig, wunderschön und abgrundtief hässlich. Die Stadt vereint so viele Gegensätze und Extreme, dass man sie mindestens einmal in Ruhe erlebt haben muss. Die Thais nennen ihre Hauptstadt Krung Thep („Stadt der Engel“), was wiederum die Kurzform des mit 168 lateinischen Buchstaben längsten Ortsnamens der Welt darstellt.

Ich sitze auf der ledernen Rückbank des alten Toyotas ohne Stoßdämpfer, Carl neben mir und Johann im Tragesitz vor meinem Bauch geschnallt, als wir vom Flughafengelände durch das Gewirr an Hochstraßen in Richtung City fahren. Der Blick aus dem Fenster wirkt wie ein Film, zum einen weil meine Aufnahmekapazität durch Jet Lag und langsam reisender Seele noch immer begrenzt ist, zum anderen weil wir uns in einer anderen Welt zu befinden scheinen. Es ist bereits dunkel, so dass wir nur einen Bruchteil der vorbeiziehenden Hütten und Häuser, der vielen TukTuks (dreirädrige Autorikschas) sowie der endlosen, übereinander gestapelten, oberirdischen Stromkabel entlang der Straßen erkennen können. Der Einkaufskomplex liegt an der Lad Krabang Road, weit entfernt von

Bangkoks City. Als ich aus dem Taxi steige, kommen Erinnerungen hoch. Die tropisch-feuchten 30 Grad, die einen auch nach Einbruch der Dunkelheit sekundenschnell umschwirren, geben mir das Gefühl, als drückten sie mich zunächst gegen eine Wand, bis sie mich atmen lassen. Es riecht gleichzeitig nach gebratenem Essen und Abgasen, während sich das Knattern der TukTuks und Mopeds mit dem hellen Sprach-Singsang vermischt. Es fühlt sich so unglaublich nach Thailand an, andersartig und doch vertraut.

Nachdem Torsten den Taxifahrer bezahlt hat, schlendern wir auf den schmalen Einkaufsstraßen, entlang der kleinen, hell erleuchteten und klimatisierten Shops. Neben den Läden rund um die ein- bis zweigeschossigen Gebäude gibt es eine Vielzahl an provisorischen Ständen und mobilen Garküchen. Hier wird nahezu alles angeboten, was man braucht oder vielleicht brauchen könnte, darunter Uhren, Kleidung, Bücher, Bettwäsche und Küchenutensilien. Neben einem kleinen Kino befinden sich ein Tesco Lotus Supermarkt, Seafood Restaurants und internationale Fast-Food-Ketten, eine davon ist McDonalds, vor dessen Glastür ein lebensgroßer Ronald McDonald mit wai-Geste seine Gäste begrüßt. Der kleine Nachtmarkt ist um diese Uhrzeit belebt, Farangs sehen wir keine. Nachdem Carl einen Hundefriseur entdeckt hat, beobachten wir durch die große Glasscheibe, wie kleine Pudel im Akkord gestutzt und pink gefärbt werden. Hellauf begeistert findet mein Sohn in jedem Shop, den wir passieren, Skurriles und Unbekanntes. Auch die Lichtinstallationen in den Bäumen, blaue LED-Tannenzapfen, die herunterfallen zu scheinen, fesseln ihn. Also ehrlich, wie konnten wir nur überlegen, hier nicht herzukommen mit oder gerade wegen der Kinder!
Leider sind die Gepäckstücke im einzigen Koffer-Shop, auch nach langen Verhandlungen, unerwartet teuer, so dass wir uns für das Risiko der Übergepäckgebühren entscheiden. Reines Rechenexempel, bin gespannt, ob es aufgeht. Mit dem Taxi geht es schließlich, müde, verschwitzt von der ungewohnt hohen Luftfeuchtigkeit und glücklich ob der Eindrücke, zurück ins Hotel. Ein toller Ausflug mit intensiven ersten Impressionen, resümieren wir.

Es ist 20 Uhr Ortszeit, als wir uns schließlich erlauben, in einen komatösen Schlaf zu fallen. Geträumt wird natürlich von Bangkok, der „Stadt der Engel, große Stadt [und] Residenz des heiligen Juwels Indras, uneinnehmbare Stadt des Gottes, große Hauptstadt der Welt, geschmückt mit neun wertvollen Edelsteinen, reich an gewaltigen königlichen Palästen, die dem himmlischen Heim des wieder geborenen Gottes gleichen, Stadt, die von Indra geschenkt und von Vishnukarm gebaut wurde.“

Bangkok – Koh Samui, Bang Por

… gleich neben dem Rohbau

Das Hotelbett ist fantastisch. Wir haben ausreichenden Platz, obgleich sich Johann lauthals dazu entschieden hat, lieber im großen Bett zu schlafen (und zu drehen), anstatt im bereitgestellten Babybett. Die erste Nacht verläuft auch ganz okay. Zwar sind wir alle gegen drei Uhr wach, trinken literweise Wasser und betrachten den lilafarbenen Himmel samt Gewitter, können aber unsere innere Uhr überlisten und stehen erst um halb sieben Ortszeit auf. Das Frühstück fällt reichhaltig, westlich und dank Klimaanlage arktisch aus. Glücklicherweise haben wir es heute Morgen nicht eilig, so dass wir nach dem Frühstück einfach weiterschlafen. Etwas munterer denke ich mir ein neues Pack-Konzept aus. Es wäre doch gelacht, wenn sich nicht noch ein paar Kilos wegschmuggeln lassen. Also stopfe ich Kleidungsstücke in alle Ritzen der nicht gewichtsrelevanten Gepäckstücke: in die Schutz-Taschen des zusammengeklappten Babybetts und des Kinderbuggys. Dadurch werden die Koffer entlastet, auch wenn die Gefahr steigt, Torstens Socken und Carls Unterhosen einzeln vom Gepäckband aufzulesen.

Am Flughafen geht alles ratzfatz. Wir werden vom Bodenpersonal zu einem leeren Schalter gelotst, der eigens für – so steht es in großen Lettern über dem Check-In-Counter – „Disabled, Infants, Monks“ eingerichtet ist. Dort ist das Übergepäck mit zwei mal 27 kg nicht der Erwähnung wert und wird mit einem herzlichen Lächeln zunächst in die Gepäck-Sortieranlage, dann auf direktem Weg nach Koh Samui geschickt. Wunderbar!
Nur ein paar Minuten später sitzen wir tiefenentspannt in einem der vielen Flughafen-Restaurants. Die thailändische Kette „Black Canyon Coffee“ überrascht mit gutem Kaffee, Ketten-Thai Food und einer modernen Einrichtung. Es wirkt unwirklich. Mir kommt es vor, als hätte ich mit den Augen geblinzelt, um mich, wo ich doch eben noch im vertrauten deutschen Alltag weilte, in die asiatische Kaffehaus-Szene zu beamen. Auf Plastik-Designerstühlen bestaunen wir die knallig bunten Wände, während um uns herum junge Asiaten mit überdimensionierten Sonnenbrillen die neuesten Trends zur Schau stellen: Leoparden-Look zur Neonröhre und Baggy-Jeans zu Plateau-High-Heels. Schrill und abgefahren. Die jungen Besucher des Coffee Shops sind begeistert von den blonden Mini-Farangs, kichern, schäkern, winken, schneiden Grimassen und haben große Freude daran, Besteck und Spielzeug zurück zu bringen, das Johann nur Sekunden später wieder auf den Boden wirft. Ich könnte noch länger bleiben, unsere Reise geht allerdings rasant weiter: Sicherheits-Check, Boarding, kurzweiliger Flug mit schlafendem Johann.

Als ich meine Füße, 560 Kilometer später, auf den Inselboden setze, freue ich mich vor allem darüber, in absehbarer Zeit meine neun Gastkilos, die seit Stunden vor meinen Bauch geschnallt sind, ablegen zu können. Mittlerweile ist es später Nachmittag. Der Flughafen scheint sich auf seit unserem letzten Besuch auf Koh Samui nicht allzu sehr verändert zu haben. Der Betreiber und Eigentümer, die Airline Bangkok Airways, bezeichnet ihn selbstbewusst als „The most beautiful airport in the world", ein Titel, dem ich zustimme. Die rundum offenen Gebäude, reetgedeckten Dächer und stilvolle Architektur sorgen schon bei der Ankunft für tropisches Feeling. Nach einigen Erweiterungen und Landebahn-Verlängerungen können mittlerweile Jets auf dem Airport landen, das mit täglich bis zu 17 Flügen allein nach Bangkok, wohingegen es 1989, im Jahr der Inbetriebnahme, noch drei Mal täglich kleine Turboprop-Maschinen mit etwas über 30 Sitzplätzen waren. Vom Flugzeug werden wir von offenen, bunt bemalten Trams abgeholt („Gate Transport Bus"), ähnlich den Gefährten, die in Vergnügungsparks eingesetzt werden, um Besucher von weit entfernten Parkplätzen abzuholen. Sie bringen uns in das aus Tropenhölzern gebaute, ebenfalls rundum offene Ankunftsgebäude. Die Hitze und die hohe Luftfeuchtigkeit fühlen sich hier angenehmer an als in Bangkok. Der Himmel ist bedeckt, und es weht eine leichte Brise. Schwitzen tun wir trotzdem. Carl setzt sich zusammen mit deutschen Mitreisenden auf eine Bank und erzählt seine Lebensgeschichte, während wir ein Gepäckstück nach dem anderen vom Kofferband fischen. Es kommt auch alles unversehrt an. Bis auf Torstens Koffer, der kommt gar nicht an. Auf dem Weg zum Lost&Found- Schalter trägt man uns das vermisste Gepäckstück hinterher. Er sei schon seit Stunden auf Koh Samui, erklärt der Flughafenmitarbeiter, und er habe sich schon gefragt, ob der Besitzer überhaupt noch ankomme. Dabei lacht er so herzlich, dass wir einstimmen müssen. Koffer schneller als die Fluggäste – eine ungewohnte Reihenfolge.

„Mama, wann sind wir da?" – „Jetzt!"

Es folgt die letzte Etappe, die Fahrt zu unserem thailändischen zu Hause auf Zeit. Jetzt wird Johann ungeduldig, was ich ihm nicht verübeln kann. Er hat so lange durchgehalten, sich die Flughafenwelt vom Tragesitz aus angeschaut. Aber nun ist Bewegung angesagt. Dumm nur, dass wir uns in einem Auto befinden. Ich gebe mein Bestes, um ihn bei Laune, vor allem festzuhalten, während er auf meinen Beinen hüpft und krakeelt. Ich bin froh, dass die Hauptstraßen, die wir auf dem Weg zu unserem Ziel befahren, ziemlich verstopft sind. So kommen wir nur langsam voran, so dass ich nicht ein allzu schlechtes Gewissen wegen des fehlenden Kindersitzes haben muss. Moment mal, verstopfte Straßen? Gab es vor zehn Jahren schon so viele Autos auf der Insel? Torsten und Carl schauen aus dem Fenster, dabei wechseln sie sich ab mit Ausrufen wie „Mama, guck mal!" und „Da rechts, haste gesehen?", bis der Fahrer nach einer halben Stunde von der

Haupt- in eine Nebenstraße abbiegt, an dessen Abzweigung zwei kolossale Verkaufsschilder in deutscher und englischer Sprache für schlüsselfertige Häuser prangen. Wir fahren, noch immer auf geteertem Untergrund, durch tropischen Regenwald in Richtung des Inselinneren. Bevor es steil wird, biegen wir ein in die Wohnanlage „Santi Thani Garden". Sie besteht eigentlich nur aus einer einzigen Straße, die von mehreren am Hang gebauten, größeren und kleineren, allesamt sehr gepflegten Steinhäusern gesäumt wird. Das Haus liegt ganz am Ende der Straße, und ich erkenne es sofort. Genau, „am Ende einer Sackgasse, umringt von unberührter Natur", so hatte Birgit unsere Bleibe beschrieben, „hier haben Sie", also wir, „absolute Ruhe". Als der Fahrer in die Einfahrt lenkt, fällt mein erster Blick auf den benachbarten Rohbau, den Birgit irgendwie übersehen zu haben scheint. Auf dem angrenzenden Grundstück wird ein zweigeschossiges Einfamilienhaus gebaut, das die Beschreibung „ruhig und am Ende einer Sackgasse" für sich beanspruchen will.

Zwei Schlafzimmer, Duschbad, Wohnküche: Samui-Familienbasis

Birgit steht an der geöffneten Tür. Sie ist etwa 40 Jahre alt, trägt eine Lady-Di-Kurzhaarfrisur mit Mittelscheitel sowie Jeans, Bluse und Flip-Flops. Als sie die Minibus-Tür öffnet, kleine Gepäckstücke, Jacken und Johann entgegennimmt, verrät ihr „Herzlich Willkommen auf Koh Samui" ihre schwäbische Herkunft. Gemeinsam gehen wir ins Haus, in dem sie die offene Wohnküche mit angrenzendem Wohnbereich, das Bad mit Dusche und die zwei Schlafzimmer zeigt. Alle Zimmer sind geschmackvoll eingerichtet, mit Korbmöbeln, Buddha-Statuen

und bunter Bettwäsche. Auch ein Obstkorb und ein Strauß Orchideen warten auf uns. Ich bin sprachlos, das alles übertrifft meine Erwartungen. Überfordert mit den Eindrücken und meiner gelöster Stimmung bekomme ich Birgits Erklärung zur Baustelle gar nicht richtig mit. Darum kümmere ich mich ein anderes Mal, jetzt ist gerade alles perfekt, und ich will glücklich sein. Glücklich, dass wir hier sind.
Noch bevor uns Birgit allein gelassen hat, entledigt sich Carl seiner überflüssigen Kleidung und besetzt sein Zimmer, indem er Spielzeug in jeder Ecke verteilt und fröhlich-laut anfängt zu spielen. Unterdessen arbeiten wir wie Ziehauf-Männchen die wichtigsten To-Do's ab: Babybett aufbauen, die Buddhas retten, benötigte Utensilien auspacken, ein „Wir sind angekommen"- Foto in die Facebook-Welt schicken, mit Unterhosen in den Pool hüpfen und schlafen. Sekundenschnell sieht das hübsch hergerichtete Haus aus, als sei eine Bombe eingeschlagen. Oder eine Familie eingezogen.

Eingewöhnung

You German?

Pünktlich um neun Uhr knattert ein Moped die Straße entlang, bevor es zielsicher in unsere Einfahrt einbiegt. Rolf, Mittvierziger mit bleicher Haut und vielen Falten, bringt uns Frühstück. Wie gut, dass wir uns am ersten Morgen im thailändischen zu Hause noch nicht mit der Nahrungsmittelbeschaffung beschäftigen müssen und bei Rolf im Internet bestellen konnten. Er stapelt folienüberzogene Styropor-Teller mit Wurst, Käse, Butter sowie Tomaten- und Gurkenscheiben auf den Küchentresen. Dazu gibt es Brötchen aus Plastiktüten sowie eine Handvoll einzeln verpackter Marmeladen- und Honig-Portionen. Er erzählt, dass er erst vor zwei Jahren von Bottrop nach Koh Samui ausgewandert sei. Grund: die Liebe. Nun versuche er sein Glück als einer von mehreren deutschen Bäckern auf der Insel. In der Nebensaison sei es schon schwierig, plaudert er weiter, vor allem weil Samui in den letzten Jahren teurer geworden und viele ausgewanderte Rentner nach Europa zurückgekehrt seien. Wenn man nicht jeden Tag Mettwurst und Käse esse, resümiert er schließlich, könne man auf der Insel mit 1.000 Euro Rente gut leben. Ich hätte gern noch mehr erfahren, aber das Frühstück schmilzt und Rolf muss weiter.
Plötzlich taucht eine kleine Frau auf der Terrasse auf. „Hello. My name Lek. Me housekeeper", sagt sie mit leiser Stimme, „I care pool and house." Da ich mich erst an ihren Englisch-Akzent gewöhnen muss, benötige ich ein paar Sekunden, bevor ich auf sie reagieren kann. Sie steht indes regungslos da, dabei mustert sie mich mit versteinerter Miene von unten nach oben.

„You German?"
„Yes."
„Ahh."

Ob diese Tatsache in ihren Augen gut oder schlecht ist? Wie alt sie wohl sein mag? Ich kann es nicht ansatzweise einschätzen. Weder ihre faltenlose Haut, ihre schulterlange Frisur mit den glatten, schwarzen Haaren, von denen jedes genau zu wissen scheint, wo es hingehört, noch ihre Kleidung, lange, schwarze Stoffhose und beige-farbene Strickjacke, geben Aufschluss. Schlagartig verändern sich ihre schwarzen, mandelförmigen Augen, sie strahlt an mir vorbei ins Wohnzimmer hinein, von wo Johann geradewegs auf sie zukrabbelt. Begleitet von einem verbalen Freudenausbruch nimmt sie ihn auf den Arm. Johann schaut sie an, als verstehe er jedes Wort. Das Eis ist gebrochen. Später erfahren wir, dass Lek einen deutschen Mann und einen zweijährigen Enkel hat.

Obwohl sie für den Hauseigentümer tätig ist und in erster Linie während dessen Abwesenheit Haus, Grundstück, Stromzähler und Mieter managed, hat sie auch für uns zahlreiche Lösungsvorschläge:
„You need motorbike? Ahh. No problem. Go down street, left, there is shop. They know me. I go down and ask. Is cheaper."

Nach zehn Minuten kommt sie zurück: „Khun Malee rents motorbike. Full automatic. Good motorbike."

Nun würden wir nicht mehr den Büffel im Tümpel und Gold mitten auf der Straße kaufen müssen, erklärt sie mit zufriedenem Lächeln über die Katze im Sack.
Wir frühstücken auf der überdachten Terrasse bei einer Temperatur von 30 Grad, teilbedecktem Himmel und einer lauen Brise. Vom Essplatz aus fällt unser Blick auf das Dach des tiefer gelegenen Nachbarhauses, den kleinen Garten mit dem nierenförmigen Pool und den Bananenpflanzen sowie auf einen dicht bewachsenen Berg, an dessen Hang ein Wasserbüffel grast. Von der benachbarten Baustelle auf der anderen Seite des Hauses sehen und hören wir nichts. Vielleicht ist diese ja verlassen? Bedächtig saugen wir die Szenerie in uns auf, es ist schön hier. Tropisch und grün. Idyllisch. Inspirierend.
Der erste Tag auf Koh Samui steht ganz im Zeichen der Eingewöhnung. Johann krabbelt in jedes Zimmer, um seine neue Welt zu erkunden – begleitet von ununterbrochenen Sing-Sang-Neins meinerseits: „Nein, nicht an die Steckdose. Nein, nicht an die Computerkabel. Nein, lass den großen Buddha stehen. Nein, hier fällst Du herunter." Und so weiter.
Carl verlangt volle Aufmerksamkeit beim Zusammenbau seiner Lego-Autos. Es ist eine Herausforderung, allen gerecht zu werden, dabei das eigene Bedürfnis nach Ankommen einerseits sowie den zu erledigenden Aufgaben wie Auspacken und Fläschchen auskochen andererseits gerecht zu werden. Großartig ist es hier, ich fühle mich trotzdem irgendwie gestresst.

Wasserbüffel – des Nachbars Haustier

Auch Birgit besucht uns noch einmal, überlässt uns ein thailändisches Handy mit Pre-Paid-Karte, schenkt uns einen Fünf-Liter-Kanister mit Trinkwasser und bietet an, zum großen Supermarkt der Insel zu fahren, um Getränke und Windeln zu kaufen. Sogar ihr Auto können wir leihen. Die Sache mit der benachbarten Baustelle geht sie offensiv an. „Wir finden etwas anderes", versichert sie, „sagt Bescheid, wenn es Euch stört". Birgit ist hilfsbereit. Oder service-orientiert. Oder beides. Sie ist eine angenehme Person, zurückhaltend und sympathisch. Vor neun Jahren sei sie auf die Insel gekommen, des Abenteuers wegen, zunächst als Buchhaltungs-Angestellte bei einer Ferienhaus-Vermietung, bis sie sich schließlich selbstständig gemacht habe mit der Vermittlung von Unterkünften. Nun will sie bleiben, der Liebe wegen.

Die Luftfeuchtigkeit sorgt für großen Verlust an Körperflüssigkeiten, den wir mit Birgits Kanister auszugleichen versuchen. Unser Schwitz-Status erreicht seinen Höhepunkt, als wir den 15-minütigen Spaziergang zum nächstgelegenen Restaurant antreten, dem „Terrace House Restaurant". Zunächst geht es die Talstraße entlang, an der sich die Häuser der Wohnanlage entlangreihen. Vor der Eingangstür des Nachbarn hängen drei Fahnen: eine thailändische, eine gelbe Fahne der Königstreuen sowie eine dänische. Interessante Kombination. Auch die restlichen Nachbarn scheinen entweder Farangs oder Thai-Farang-Liaisons zu sein. Alle grüßen freundlich, während sie uns eingehend mustern. Die nächste

Teilstrecke bis zur Hauptstraße ist steiler. Sie führt durch dichte Vegetation vorbei an Handymasten und Holzhütten.

Santi Thani Road

Hier stehen, wie überall auf der Insel, viele Kokosnusspalmen. Der Tipp, sich nicht unter einer mit Früchten behangenen Kokospalme aufzuhalten, da schon Menschen von den lautlos herunterfallenden Kokosnüssen erschlagen worden sind, lässt sich auf dieser Strecke aufgrund ihres dichten Bewuchses und ungeernteten Zustands kaum beherzigen. Die Ringstraße, die wir nun überqueren, ist je nach Tageszeit mal stärker, mal schwächer befahren. Aber immer befahren. Es dauert also eine Weile, bis wir zwischen den knatternden Mopeds, den Pick-Ups mit rundum schwarzen Scheiben und den Staub aufwirbelnden LKWs hindurch huschen können. Die Straßenszenerie bleibt bis zum Restaurant bestehen, vorbei an zwei Massage-Shop-Hütten, entlang der Einfahrten von drei Ferienhaus-Komplexen.

Mama Terrace House, wir werden uns häufiger sehen

Die offene Hütte mit ihren acht Bambus-Tischen fällt kaum auf. Begrenzt wird der Gastraum von der Küchentheke auf der einen Seite sowie dem Wohn- und Schlafbereich der Terrace House Familie auf der anderen Seite. Die Inhaberin freut sich, als sie uns, an diesem späten Nachmittag die einzigen Gäste, sieht und kredenzt ein leckeres Essen mit gebratenem Reis, Rindfleisch mit Gemüse in Austernsauce, Hühnchen mit süß-saurer Sauce und zweimal Tom Kah Gai (Hühnersuppe mit Kokosmilch und Galgant). Wir bitten sie, das Essen der Jungs nicht allzu scharf zu würzen. Dass sie es auf alle Gerichte anwendet, ist zwar nicht beabsichtigt gewesen, kommt uns aber im Rahmen einer sanften Umgewöhnung nicht ungelegen. Carl findet sein Essen „thailändisch lecker", worauf mir ein weiterer Stein vom Herzen fällt. Zwar haben wir zu Hause schon Probe-Gerichte gekocht, um zu testen, ob er die Thai-Küche mag, ich habe mir im Vorfeld trotzdem viele Gedanken um seinen Geschmackssinn gemacht. Acht Wochen andauernde Essens-Nörgelei und die damit verbundene Sorge um Nahrungsaufnahme wären anstrengend geworden. Auch Johann ist zufrieden mit Mango-Stückchen und Baby-Bananen. Rund zehn Euro kostet das Abendessen mit Blick auf die dschungelartige Vegetation sowie dem lauten Knattern der Mopeds, die nur ein paar Meter weiter die Straße entlangfahren.

Ich – Bin – Müde.

Wenn man jemanden nicht mag, dann wünscht man ihm so eine Nacht. Natürlich kenne ich derartige Nächte. Es ist noch nicht lange her, da habe ich den monatelangen Schlafmangel irgendwie weggesteckt, aber vor dem Hintergrund meiner eigenen Jet-Lag-Müdigkeit fühle ich mich am vierten Tag unserer Reise vollkommen erschlagen. Ein großartiger Tag beginnt, vom wolkenlosen Himmel her gesehen. Die Stimmung ist jedoch gedrückt. Wir sind alle genervt – voneinander und von der Welt.

Die Handgriffe der morgendlichen Produktion des Milchfläschchens sind noch ungewohnt. Wir lassen das Trinkwasser im Wasserkocher minutenlang kochen, bevor wir es mit dem Milchpulver mischen. Doppelt hält besser. Als ich in der Küche stehe und das Fläschchen mit abgekochtem Wasser reinige, fährt ein dreckiger Pick-Up am Küchenfenster vorbei, auf dessen Ladefläche acht Männer und Frauen sitzen, alle mit grünen Pullovern des Bauunternehmens bekleidet. Die Bauarbeiter steigen langsam ab, recken, strecken und verteilen sich auf der benachbarten Baustelle. Also ist sie doch nicht verlassen, der gestrige Tag scheint lediglich arbeitsfrei gewesen zu sein. Es sind mehr Frauen als Männer, die nun in Jeans und Flip-Flops ihre Kopfbedeckungen aus T-Shirts oder Handtüchern zurechtrücken, bevor sie ihrer Arbeit nachgehen. Verlegen und gleichzeitig erfreut, schaut eine dicke Bauarbeiterin zu mir herüber, bevor sie laut drauflos redet, so dass alle anderen ebenfalls gucken, lachen und vorsichtig winken. Mir ist es peinlich, dass ich sie zuvor derart angestarrt habe. Mit unsicherem Lächeln winke ich zurück, bis mir klar wird, dass ich gar nicht gemeint bin. Am Fenster des Nebenraums steht Carl, seinen Spielzeugbagger in die Höhe haltend. Das Bett, von dem aus er den besten Blick auf die Baustelle hat, wird zu seinem Lieblingsplatz. Neben dem Lieblingsplatz im Pool, versteht sich. Und auch die Bauarbeiter schauen regelmäßig zu seinem Fenster, um zu sehen, ob ihr Zuschauer da ist. Jetzt dauert es nicht lange, bis es richtig laut wird. Nebenan wird gehämmert und gesägt, so dass uns erste Zweifel kommen, ob wir den Lärmpegel in den nächsten Wochen aushalten. Wir sehnen uns nach Ruhe, obwohl beziehungsweise weil wir zwei Kinder haben.

Pünktlich um zehn Uhr kommt Lek mit Aom vorbei. Er ist ein drahtiger Thai in viel zu großer Jeans mit dunkelbrauner Haut und fehlendem Schneidezahn. Von ihm bekommen wir eine blaue Honda Wave, ein Roller-ähnliches Gefährt der 125er-Klasse, auf Samui zu mieten zwischen 2,80 Euro und 5,80 Euro am Tag, das ab heute einen Monat lang in unserer Einfahrt übernachten darf. Allerdings nicht ohne die zehnmalige Ermahnung von Lek und Aom, wir möchten bloß achtsam sein und ganz langsam fahren. Von Lek hören wir hier die ersten und letzten deutschen Wörter: „Fahr vorsichtig!" ruft sie Torsten zu, als er zur Probefahrt aufbricht. Ihre akzentfreie Aussprache verrät, dass sie es schon sehr oft von ihrem Mann gehört haben muss. Ich muss schmunzeln und wünsche mir, ich könnte sie auch mit thailändischen Wörtern oder gar einem Satz überraschen. Aber ich traue mich nicht, mein Gelerntes außerhalb einer Essensbestellung anzubringen. Zu groß ist meine Angst, ich könnte eine falsche Tonhöhe treffen und sie im schlimmsten Fall beschimpfen.
Torsten fährt mit dem Moped gleich los, natürlich ganz vorsichtig und langsam, um Lebensmittel zu kaufen. Sorgen mache ich mir nicht um ihn, da er sowohl im Mopedfahren, als auch im Linksverkehr geübt ist. Nach seiner Rückkehr berichtet er mit strahlenden Augen, wie aufregend sein Trip zum nächstgelegenen Seven-Eleven, einem Mini-Supermarkt, gewesen sei, was mich zugegebenermaßen ziemlich neidisch macht. Trotz meiner tief sitzenden Müdigkeit würde ich ebenfalls am liebsten sofort losziehen, um die Insel zu entdecken.

Koh Samui hat so viel zu bieten. Sie ist die Hauptinsel eines Archipels von circa 60, größtenteils unbewohnten, Inseln im Südwesten des Golfs von Thailand, etwa 20 Kilometer vom nächstgelegenen Festland und ungefähr 80 Kilometer von ihrer Provinzhauptstadt Surat Thani entfernt. Mit 250 Quadratkilometern ist sie so groß wie Frankfurt am Main, nach Koh Phuket und Koh Chang die drittgrößte Insel Thailands. Um die 40.000 Menschen leben hier, wobei die Einwohnerzahl starken saisonalen Schwankungen unterworfen ist. Ein Viertel der Insel besteht aus Flachland, hauptsächlich mit Kokospalmen bebaut. Mehr als zwei Millionen Kokosnüsse werden monatlich exportiert, sie gelten als die besten Thailands.
Das Innere der Insel ist von dichtem Wald bedecktes Hochland, der höchste Berg 635 Meter hoch. In den 70er Jahren wurde Samui von Rucksacktouristen entdeckt, die unfreiwillig den Weg zum heutigen internationalen Ferienzentrum mit guter Infrastruktur und weltweiter Aufmerksamkeit bereitet haben. Eine betonierte, 51 km lange Ringstraße führt rund um die Insel, größtenteils entlang der Küste. Und es gibt natürlich viele Unterkünfte für jeden Geldbeutel und Anspruch.

Ich freue mich auf endlose Palmenwälder, bizarre Felsformationen mit Wasserfällen, weiße Sandstrände und buddhistische Tempelanlagen, muss aber meine Rastlosigkeit und meinen Entdeckerdrang zügeln. Zum einen haben wir viel Zeit für jede Palme dieser Insel, zum anderen zwingen uns unsere zwei jüngsten Reisegefährten zum Langsam-Reisen, einer vollkommen neuen Erfahrung.

Ja, ich habe es vorher gewusst. Dass es heiß werden würde. Dass sich die klebrige Sonnencreme mit Schweiß und Straßenstaub zu einer ekelhaften Schicht vermischen würde, die uns Tag und Nacht vom Duschen träumen lässt. Dass wir Zeit für die Umgewöhnung von Schlafrhythmen benötigen würden. Und dass mich mein Baby intensiver braucht. Langsam gewöhne ich mich daran. An die hohe Luftfeuchtigkeit. An Johann, der pausenlos an meinem Körper haftet, an seine Unzufriedenheit, sein Schreien bei jeder Gelegenheit: vor dem Schlafen, beim Schlafen, nach dem Schlafen, beim Spazieren, vor dem Essen, beim Essen, nach dem Essen, im Pool, beim Wickeln, beim Umziehen und auch beim Spielen. Lautes Schreien. Undifferenziertes Schreien. Aller Anfang, auch der von lang ersehnten Träumen, ist schwer.
Jetzt, da unsere Sinne zusätzlich von auf der benachbarten Baustelle aufeinanderklirrenden Eisenstangen strapaziert werden, denken wir ans Ausziehen. Obwohl wir gerade viel Energie darauf verwenden, hier anzukommen, sind wir gedanklich auf der Reise. Wir suchen urwüchsige Tropen-Romantik. Und das nicht auf eindimensionalen Fotos. Oder bietet Koh Samui dies mit seinen mittlerweile jährlich über 830 Tausend Touristen aus aller Welt nicht mehr?

Drei Deutsche und zwei Thais

Worüber sich Eltern von Babies freuen, ist manchmal für Außenstehende kaum nachvollziehbar. Heute begeistern mich gleich zwei Dinge:
Erstens, ich schlafe! Zum ersten Mal schläft Johann, und damit auch ich, drei Stunden am Stück.
Zweitens, Johann pupst! Das ist an sich nichts Besonderes. Es klingt jedoch zweideutig. Bevor ich ihm im dämmrigen Schein der Nachttischlampe die Windel wechsle, fasse ich immer wieder seinen Kopf an. Er ist viel wärmer als der restliche Körper. Jetzt sind wir erst fünf Tage hier und der Kleine hat Durchfall. Was könnte der Grund sein? Saftschorle umgekippt? Mango im Terrace House Restaurant nicht reif genug? Poolwasser getrunken? Den Löffel süß-saurer Sauce über dem Reis nicht vertragen? Wo sind eigentlich die Unterlagen der Krankenversicherung? Und wie bekomme ich heute genug Flüssigkeit in ein Durchfall-Baby hinein? Aber dann darf ich mich über ein perfektes Häufchen in Mango-gelb-orange freuen, und auf einmal fühlt sich sein Kopf doch nicht mehr so

warm an. Johann trinkt sein ganzes Wasser-Fläschchen aus, woraufhin er bis halb Acht schlummert. Ich auch.

Nach dem Frühstück machen wir uns auf den Weg zum nächstgelegenen Strand, zum Bang Por Beach, hinunter bis zur Ringstraße, vorbei an Aoms kleinem Laden. Es ist ein malerischer, vier Kilometer langer Strand mit hellgelbem Sand, geringer Brandung und tollem Blick auf die Nachbarinsel Koh Phangan. In seinem naturbelassenen Zustand beheimatetet er zahlreiche Muscheln, Kokosnüsse, Palmenblätter, Krebsleichen und Plastikmüll. Natürliche Felsformationen umschließen den menschenleeren Strand mit seinen ins Meer hineinragenden Palmen und üppigem Strandbewuchs.

Bang Por Beach

Nur ein paar Meter hinter dem unbebauten Strandabschnitt reiht sich ein großes aus Stein gebautes Strandhaus an das andere. Keine Backpacker-Hütten und keine Holzbungalows. Die Masseurin hat ein farbig gedrucktes Werbeschild aufgestellt und wartet mit weißen Handtüchern in ihrer Sala auf Kunden. Keine selbstgemalten Papp-Schilder in fehlerhaftem Englisch. Keine ölige und gleichzeitig sandig-knirschende Matten. Zumindest nicht an diesem Strand. Auch das „Yun Hom Restaurant" überrascht mit weißen Tischdecken, Toilettenanlagen mit Aquarien neben den Klosetts und hohen Preisen. Samui scheint schick geworden zu sein. Zumindest hier.
Richtung Westen wird der Strand noch feinsandiger. Viele Häuser werden vermietet, so steht es zumindest auf Schildern und Holzbrettern vor Türen, Garten-

mauern oder an Palmen. Vielleicht finden wir hier eine alternative Unterkunft? Baustellen gibt es keine, und die Aussicht ist unschlagbar, auch wenn ich seit unserem Malediven-Urlaub während des verheerenden Tsunamis 2004 und den damit einhergehenden lebensrettenden, aber doch nassen Erlebnissen eine direkte Strandlage zu meiden versuche. Auf der Suche nach einem Büro in einer der mehrere Häuser umfassenden Anlagen treffen wir Mr. Klaus aus Stuttgart, Anfang 70, weißbärtig und dickbäuchig. Er sei Inhaber und Manager gleichzeitig, erzählt er, ohne Luft zu holen, und sehr wählerisch bei der Auswahl seiner Gäste. Wir besichtigen zwei Wohneinheiten, mit Mobiliar in Eiche rustikal, und hören uns seine Lebensgeschichte an. Seit über zehn Jahren sei er auf Samui, natürlich mit seiner Frau, eine junge Thai mit langen Haaren, die Anlage habe er allein konzipiert, und nun urlaubten hier, in dem von ihm selbst ernannten Geheimtipp der Insel, vom Hotelmanager und Piloten bis hin zum Top Executive alle wichtigen Menschen der Welt. Fragen hat er keine, und wir können am nächsten Tag einziehen. Wir kommen allerdings gar nicht erst ins Grübeln, da wir Mr. Klaus aus Stuttgart nicht jeden Tag unseres restlichen Aufenthaltes treffen wollen. Und auch nicht die vielen wichtigen Menschen, die sich hier versammeln. Von den fünf Inselbewohnern, die wir in den letzten Tagen kennengelernt haben, kommen drei aus Deutschland. Ob das so weitergeht?

Come in, come in

Als wir auf dem Rückweg die Ringstraße passieren, steht Aom vor seiner Tür. Er erkennt uns schon von weitem und lacht, dass wir alle Zähne, bis auf den vorderen Schneidezahn, sehen können.
„Good motorbike?“ fragt er, als wir in Hörweite kommen.
„Yes, thank you. Very good motorbike.“
„Ahh.“
Seine Frau gesellt sich zu uns. Sie hat ebenfalls stark gebräunte Haut und ein freundliches Lächeln. Malee, so heißt sie, begrüßt uns mit einem wai. „This is my family. Welcome, welcome. Come in, come in.“ Ohne zu zögern, nimmt Malee Carls Hand und geht mit ihm ins Haus. Auf dem Weg zeigt sie ihm, wo er seine Schuhe ausziehen soll. In Thailand ist es üblich, Häuser ohne Schuhe zu betreten. Um sich gemütlich zusammenzusetzen, ziehen Thais an privaten Orten oft den gefliesten Boden vor, auch wenn es an Sitzmöbeln und Tischen nicht mangelt. Da auf dem Boden Speisen und Getränke serviert werden, wird auf pingelige Sauberkeit geachtet. Selbst in modernen Büros lassen die Leute ihre Schuhe vor der Tür stehen, Ausnahmen stellen öffentliche Gebäude und Kaufhäuser dar. Vor diesem Hintergrund ist es nachvollziehbar, warum nahezu alle Thais Flip-Flops tragen: sie sind bei den tropischen Temperaturen nicht nur luftig, sondern vor allem beim häufigen An- und Ausziehen praktisch. Barfuß mache ich einen großen Schritt in das Haus, um die Türschwelle nicht zu betreten.

Sie zu betreten verärgert die Hausgeister und bringt Unglück. Das brauchen wir nicht.
Das Haus von Aom und Malee besteht aus zwei Zimmern, von denen eines als Verkaufsraum, das andere als Familienzimmer fungiert. Der Verkaufsraum ist nicht größer als 15 Quadratmeter. In der Ecke befinden sich gestapelte Trinkwasser-Kanister, Klopapier und Fertiggerichte, daneben steht ein Regal mit Süßigkeiten, Toast und Zahnpasta. Auch ein kleines Kühlregal mit Butter, Soft Drinks und Milch gibt es, eine wilde Zusammenstellung der allernötigsten, größtenteils unverderblichen Waren.

MiniMarkt und zu Hause von Aoms Familie

„This is son." erklärt Aom stolz und deutet auf den an einem Computer sitzenden Teenager. Dieser nickt kurz, um sich sofort wieder in den Bildschirm zu vertiefen. Aoms Miene verfinstert sich. Nachdem er seinen Sprössling angezählt hat, steht Sohn in Sekundenschnelle auf, verbeugt sich tief mit zusammengefalteten Händen und setzt sich genauso schnell wieder zurück an den Computer. Sein Vater scheint zufrieden. „A lot learning school" erklärt er mit breitem Grinsen, „next year university. Maybe." Händchenhaltend kommen Malee und Carl mit einer Staude Babybananen aus dem Wohnraum. „Mmhh, boy mag banana", startet er den Versuch der Verständigung, woraufhin unsere Gastgeber in schallendes Gelächter ausbrechen „Ahh. From garden. Banana for boy good. Banana for baby good.", strahlen sie um die Wette und füttern die Kinder so liebevoll, als ob es ihre wären.

Bang Poo oder Bang Boo?

Nach der hohen Luftfeuchtigkeit in den letzten Tagen bin ich dankbar für wolkenverhangenen Himmel und Wind. Mit ausgebreiteten Armen lasse ich mich auf der Terrasse durchpusten, als plötzlich Lek vor mir steht. Im ersten Moment kriege ich einen Riesenschreck, im zweiten ist es mir peinlich, in welcher Nacht-Klamotte sie mich sieht. Wie macht sie das, so still und leise? Unmotorisiert, unangekündigt, unbemerkt. Sie bringt Brötchen von einem thailändischen Bäcker, indem sie mir die Plastiktüte mit ihrer rechten Hand übergibt, während sie mich ganz leicht am linken Unterarm berührt. Dies ist eine weitere typische Thai-Geste, wie ich später erfahre, die andeutet, dass man mit ganzem Herzen gibt. Derart viele subtile Umgangsformen sind ganz schön verwirrend. Wie ein Trampeltier komme ich mir vor. Ich weiß auch gar nicht so recht, was ich sagen soll, lächle mit ihr um die Wette, bedanke mich circa 10.000 Mal und traue mich nicht, ihr zu erzählen, dass wir schon längst gefrühstückt haben.

Auf dem Weg zum ersten Familienausflug decken wir uns bei Aom mit Wasser ein. Der lobt uns, dass wir mit einem Pick-Up nach Bophut fahren wollen, anstatt mit dem Taxi. Die sogenannten Songthaews (gesprochen: song-tao) sind privat betriebene Kleinlaster mit zwei niedrigen Sitzbänken auf der Ladefläche, auf denen sich die Passagiere gegenübersitzen, während auf dem Dach Gepäckstücke transportiert werden. Auf der Passagierfläche wird bei großem Andrang jeder Zentimeter ausgenutzt, diejenigen, die keinen Sitzplatz bekommen, hängen sich hinten dran und fahren stehend auf den Trittstufen mit. Auch viele Thais nutzen neben den Motorradtaxis diese öffentlichen Transportmittel. „Songthaew many cheap", erläutert Aom, „Taxi expensive. Songtheaw better. Every five minute. Maybe ten minute. Maybe twenty minute". Dabei lacht er laut.
Wir gehen schon einmal in die richtige Richtung und warten auf das schrille Hupen hinter unserem Rücken, das auch nicht lange auf sich warten lässt. Der Fahrer verlangt für die Strecke nach Bophut 150 Baht (3,75 Euro), ist aber auch mit 100 Baht (2,50 Euro) zufrieden, und los geht es. Die Schaukelei des knatternden und stinkenden Pick-Ups durch die Schlaglöcher der Ringstraße sind ganz nach dem Geschmack meines Babys, Johann schläft sofort ein. Neben Carl, er ist völlig begeistert von dieser Fahrt, sitzt ein Thai, etwa in seinem Alter. Unentwegt beäugen sich die beiden, lächeln sich nach ein paar Kilometern verschmitzt an und beweisen einmal mehr, dass Kindersprache sprachlos sein kann.

Bophut liegt ebenfalls im Norden der Insel. Die 2,5 Kilometer lange, weit geschwungene Bucht hat einen relativ steil abfallenden Strand mit grobkörnigem, gelben Sand. In der Mitte liegt das Dorf Ban Bophut mit seinem Bootssteg, von dem aus Speedboote und Fähren nach Koh Phangan abfahren. Ich mag Bophut, weil Touristenlokale und Unterkünfte in ungezwungener Atmosphäre ins Dorf integriert sind.

Wo ist denn das Ziel des heutigen Ausflugs, das „Elephant Restaurant“? Was wir finden, schockiert uns. Wo sind wir hier? Westlich des Bootsstegs reiht sich ein Luxushotel neben das andere. Die großen Komplexe und die aneinander gereihten Liegen am Strand haben das Flair des einstigen Fischerstrandes grundlegend verändert. Im Dorf finden wir tatsächlich ein Restaurant mit dem Namen „Happy Elephant“. Das muss es doch sein! Kellner in mondänen Uniformen öffnen gerade die großen Holztüren, die den Blick auf stilvoll eingedeckte Designertische und eine Bar mit zahlreichen Kunstobjekten freigeben. Wir können es nicht glauben. Vor zehn Jahren saßen wir jeden Abend, drei Wochen lang, in einem authentischen, kleinen Seafood-Restaurant, direkt am Meer. Auf Holzstühlen, natürlich ohne Tischdecken, tollem Essen und in urig-ländlicher Umgebung. Es ist der Lauf der Zeit und die rasante Touristifizierung der Insel, ich bin trotzdem wehmütig. Das „Happy Elephant“ könnte nun überall stehen: Hawaii, Kuala Lumpur, Patong Beach, Stockholm, total egal, austauschbar.
Nach und nach öffnen auch die anderen Restaurants, alle in zweistöckigen Steinhäusern untergebracht, alle mit modernem Design. Die schmale Straße scheint kein Ende zu nehmen, auch die Bungalow-Anlagen und Palmenwäldchen zwischen Strand und Straße sind verschwunden. Nun reihen sich Häuser mit Restaurants, Tauchschulen, Coffee Shops, Buchläden, Reisebüros, Schneider, Apotheken und Touristenshops aneinander. Das haben wir in dieser Form nicht erwartet, wir haben ernsthaft und naiv geglaubt, dass Bophut sich gegen die Besucheranstürme aus aller Welt wehren konnte. Dass es jedoch immer noch seinen einzigartigen Charme als Fischerdorf behalten konnte, damit nach wie vor ein vergleichsweise ruhiges Fleckchen auf der Insel ist, werden wir noch herausfinden.

Essen? Immer und überall!

Als Carl zum zehnten Mal erwähnt, dass er ja so einen großen Hunger habe (es ist noch vor 12 Uhr mittags), halten wir an einer mobilen Garküche, bei der wir Klebreis und drei gebratene Hühnchenspieße kaufen. Mein Sohn könnte alles allein aufessen. Ich bin mächtig stolz auf ihn, bislang stellt er in vielerlei Hinsicht seine Asien-Tauglichkeit unter Beweis. Seine Essgewohnheiten passen aber auch hervorragend zu den hiesigen. Wenn Thais nicht essen, dann denken sie zumindest daran, heißt es. In Thailand wird überall, im Laufen, Stehen oder Sitzen gegessen. Garküchen sind elementarer Teil der asiatischen Esskultur und finden sich an jeder Ecke. Meist sind es Mopeds mit angebauten Karren, eingebautem, gasbefeuertem Wok und/oder Grill, manchmal ein Kühlschrank. Und natürlich gehört die große Plastikschüssel mit vorgekochtem Reis dazu. Das Essen, Fleisch-, Geflügel- und Fischgerichte sowie Suppen, Currys, Obst und Gemüse, ist nicht nur günstig, sondern auch fantastisch.

Übrigens, wer denkt, dass in Thailand nur mit Stäbchen gegessen werde, der irrt. Thais essen mit Löffel und Gabel, wobei die Gabel die Aufgabe des Messers übernimmt; in den Mund kommt nur der Löffel. Stäbchen bekommt man eher selten, und wenn, dann ausgerechnet zur Suppe, denn damit werden die Einlagen herausgefischt. Johann macht es seinem hungrigen Bruder nach. Er bekommt eine Reissuppe mit Hühnchenfleisch, ein Gericht, das scheinbar auch viele Thai-Babys mit Vorliebe essen.

Gesättigt von Speisen und Eindrücken, treten wir den Rückweg an, auf dem der nächste Songthaew-Fahrer uns von der gegenüberliegenden Straßenseite so lange anhupt, bis wir zurückblicken. Als Torsten ihm zwischen Autos und Mopeds hindurch unser Fahrtziel entgegen ruft, nickt er ausladend und wiederholt immer wieder „Ahh. Bang Poo, Bang Poo". Nach kurzer Preisverhandlung steigen wir ein. Stopp! Falsche Richtung! „Der dreht bestimmt gleich", beschwichtigt Torsten, „er sagte doch, er fahre nach Bang Por". Die Fahrt dauert lange. Sehr lange. Ein Fahrgast nach dem anderen wird abgesetzt, wir sitzen immer noch drin. Irgendwann sprechen wir den Fahrer erneut an, woraufhin er wieder bekräftigt: „Yes, Bang Boo, Bang Boo". Der Songthaew-Fahrer biegt in die Hauptstraße des Chaweng Beaches ein, dem Hauptstrand im Westen der Insel, bremst, steigt aus und hält sich den Bauch vor Lachen. Ich schätze, wir gucken ziemlich verdutzt, aber da es so herzhaft klingt, beschließen wir, mitzumachen. Nachdem er sich mit dem Fahrer eines neuen Gefährts ausgetauscht hat, bittet er uns, in das gegenüber gelegene Sammeltaxi einzusteigen. Auch der neue Fahrer krümmt sich vor Lachen, während wir mit ihm an der Chaweng Beach Road entlangknattern, langsam genug, um neue Fahrgäste hupend anzuwerben. Uns gibt diese ungeplante Inselrundfahrt die Gelegenheit, Chaweng, das neue Chaweng, nein, das derzeitige Chaweng anzuschauen. Wir sind erneut fassungslos. Die geteerte Straße ist gesäumt von Läden in klimatisierten und durch Glasscheiben geschlossenen Häuserzeilen. Carl zählt die McDonalds, die er erkennen kann. Wir zählen nicht nur die, sondern auch mehrere Burger Kings, Starbucks, Häagen Dasz, Kettenhotels. Kilometerlang erstrecken sich Apotheken, Massage-Shops, Bars, Moped-Vermietungen, Supermärkte, Läden aller Art und Restaurants, wobei ich kaum Thai-Restaurants sehe, dafür aber italienische, schwedische, australische, Tapas Bars und Steak Houses. Viele Menschen. Viel Verkehr.
Unterwegs hält der Fahrer mehrmals an, um sich die Beine zu vertreten. Und immer wieder lacht er uns an: „Ahhh, the other driver Bang Poo. No, Bang Boo! Hahaha". Als wir den selbstgebauten Halteknopf in der Nähe des Santi Thani Verkaufsschildes drücken, sitzen wir fast zwei Stunden im Songthaew. Carl hat es sich auf Torstens Schoß bequem gemacht, so dass ich ihn nun schlaftrunken den Hügel hinaufziehe, in Gedanken noch immer bei den Eindrücken der ungeplanten Inselrundfahrt.

Muh

Mai, Freundin von Birgit sowie Massage- und Kochkünstlerin, kommt zu Besuch. Sie hat dunkle, narbige Haut, ungezupfte, buschige Augenbrauen, einen Zopf, der ihr bis in die Kniekehlen reicht, und riesige Zähne. Mit ihrer figurbetonten Kleidung im durchtrainierten Körper wirkt sie irgendwie westlich. Als sie das Haus betritt, geht sie auf Johann zu, um ihm ihr Gesicht in den Hals zu bohren, bis er lacht. Ich muss mich dazwischen drängen, damit ich mich überhaupt vorstellen kann. Sie erledigt dies über ihre Visitenkarte:

Phitsamai Somnong. Massage. Braid Plait. Foot Scrub. Chef Service. Nail Salon. Babysitting. Private Maid. Facial Massage.

Johann mag es, dass Mai mit ihm knuddelt, während wir über ihre Kinder plaudern (ihr 19-jähriger Sohn lebt seit neun Jahren in einem Kloster im Norden Thailands) und Pläne für die kommenden Tage machen. Überhaupt ist er in den letzten beiden Tagen weitaus ausgeglichener. Vielleicht ist seine Seele nun in Thailand angekommen, und ein neuer Zahn ist auch da, herzlich Willkommen!

Die Sonne brennt vom wolkenlosen Himmel, es fühlt sich viel heißer an als in den letzten Tagen. Auf Koh Samui ist fast immer gute Reisezeit. Selbst wenn im übrigen Thailand der Südwestmonsum von Juli bis Oktober viel Regen bringt, ist es auf Koh Samui vergleichsweise trocken. Genau genommen hat die Insel zwei Regenzeiten, eine kleine im Juni sowie den Nordostmonsun, der von Ende September bis Dezember andauert. Im Januar beginnt die kühlere Jahreszeit mit Temperaturen von etwa 26 Grad Celsius. Diese dauert bis Ende April. Darauf folgt die heiße Jahreszeit, die bis zur beginnenden Regenzeit im September anhält. Die Häufigkeit und Intensität des Niederschlags sind Smalltalk-Thema Nummer Eins auf der Insel. Und auch hier scheinen die klimatischen Gegebenheiten nicht mehr verlässlich vorhersagbar. So berichtet Lek in unserem heutigen Klönschnack, dass die letzte Regenzeit gänzlich ausgefallen sei, was zu erheblichem Wassermangel geführt habe. Ganz im Gegensatz zum vorangegangenen Jahr, in dem Samui mit unpassierbaren Straßen aufgrund von Überschwemmungen zu kämpfen hatte.

Am Bang Por Beach flanieren wir dieses Mal in östliche Richtung. Der sich bietende Anblick mit türkisfarbenen Wasser und blauem Himmel hat Postkartenformat. Manche Kokospalmen ragen schräg in das Meer hinein, und auf dem Wasser hüpfen die Schatten ihrer Wedel. Es ist menschenleer. Lediglich in der Ferne schwimmt ein Kopf. Der dazugehörende Körper kommt kurze Zeit später aus dem Wasser, verschwindet anschließend im Nichts. Tief einatmend, spüre ich die warme Brise auf meiner Haut, lege den Kopf in den Nacken und lasse meine Füße vom Meer umspülen, bis wir die kleine Beachbar „By Sea Bar“ passieren.

Gekocht wird an einem offenen Stand im Sand. Von den Bambustischen- und stühlen aus schauen wir einer Gruppe Thai-Kinder zu, wie sie im Meer schwimmen und auf der überdimensionalen Schaukel, die an einer ins Meer ragenden Palme hängt, spielen. Wir trinken Kokosnuss-Wasser direkt aus der Nuss und essen einen kleinen Snack. Die Suppen (Tom Yum Gung und Kai Tom Kamin) sind irre scharf, allerdings nicht annähernd so gut wie die Kulisse, in der wir sie einnehmen.
Auf dem Rückweg begegnen wir den Bewohnern des Nachbarhauses, einem dänischen Opa und seiner thailändischen Frau Muh.
Ich liebe den Klang thailändischer Namen! Eigentlich sind es nur Spitznamen, mit denen sich Thais ansprechen. Die längeren Vor- und Familiennamen, meist sind es komplizierte Sanskrit- oder Pali-Begriffe (Pali ist die heilige Sprache der Buddhisten, entsprechend dem Latein der Katholiken), werden lediglich bei formellen Anlässen und in offiziellen Dokumenten verwendet. Die Spitznamen hingegen sind einsilbige Namen, die Babies in den ersten Wochen nach ihrer Geburt von der Mutter oder den Familienmitgliedern bekommen. Sie beruhen entweder auf dem stark verkürzten Vornamen, dem Geburtsjahr, auf einer tatsächlichen oder gewünschten Eigenschaft der Person oder auf deren Aussehen. So finde ich heraus, dass Lek „klein“ bedeutet. Dass es Spitznamen gibt, die sich auf die Reihenfolge der Geburt beziehen, zum Beispiel Nüng (Nummer 1), Soong (Nummer 2), Saam (Nummer 3). Und dass sogar viele Namen aus dem Tierreich angewendet, aber auf keinen Fall als Beleidigung angesehen werden, so gibt es Mäo (Katze), Muh (Schwein), Mot (Ameise), Nok (Vogel), Tao (Schildkröte) und Nuu (Maus). Über die Frau vom Dänen wissen wir jetzt, dass sie entweder im Jahr des Schweins geboren wurde oder als Baby eine große, breite Nase gehabt haben muss.

Nicht ärgern, sondern lächeln!

Birgit bringt ihren alten, uralten, nahezu schrottreifen Suzuki Vitara vorbei, den sie uns für zwei Tage überlässt. Zunächst testet Torsten die Gänge, während ich sie zu Besonderheiten im Straßenverkehr befrage. Autofahren in Thailand sei eigentlich ein Kinderspiel, versichert sie, neben dem Linksverkehr gebe es zwar noch andere Regeln, diese würden allerdings nicht so ernst genommen werden. Kindersitz- und Anschnallpflicht bestehe nicht. Ich könne mit den Kindern auf der Ladefläche fahren, schlägt sie mir vor, da sei ohnehin viel mehr Platz als in der Fahrerkabine. Ansonsten gebe es nichts Nennenswertes, ach doch, große Fahrzeuge und LKWs hätten immer Vorfahrt, genauso wie Enten, Hühner, Schweine und Wasserbüffel.

Nachdem wir unsere sieben Sachen gepackt haben, fixieren wir Johann im Tragesitz, lassen Carl auf die Notbank, hinter die zwei Vordersitze, klettern. Raus aus der Einfahrt und los geht es hinunter zur Ringstraße. Nach ein paar Metern in diesem Fahrzeug kommt es uns vor, als würden wir auf einem Känguru reiten. Johann liebt das Gerumpel, er schläft sofort ein. Unser „aufregendes" Ziel ist der Tesco Lotus Supermarkt in Chaweng. Zugegeben, die Fahrt fühlt sich an wie der erste Freigang nach langer Sicherungsverwahrung. Bislang habe ich Haus, Hof und Kinder gehütet, während Torsten seine täglichen Einkaufsfahrten mit dem Moped gemacht hat. Nun genieße ich die neue Freiheit sowie den Zustand ohne Säge-, Bohr- und Hammergeräusche im Ohr umso mehr.
Die Größe des direkt an der Ringstraße gelegenen Supermarkts überrascht mich. Im Komplex befindet sich noch eine überdachte Ladenzeile mit Elektronik-Shops, Parfümerien, Apotheken, Klamottenläden, Coffee Shops, Kino sowie großem Food Court. Er bietet alles, was man auch in einem großen europäischen Einkaufszentrum findet und noch viel mehr: vom Reiskocher bis zum Gartenstuhl, von der Fischtheke bis zu Baby-Matratzen, vom Schlafanzug bis zum Kinderspielzeug, von hausgemachten Curry-Pasten bis zu Kieler Sprotten in Dosen, dieser Tesco Lotus darf sich zu Recht Vollsortimenter nennen. Während wir die bunte Mischung an Waren und Auslagen studieren, wird Johann bestaunt. Noch immer im Tragesitz sitzend, lacht er jedes Mal laut los, wenn er mit begleitendem Sing-Sang in den Bauch gepiekst oder seine kleine Hand mit leisem „Iihhh" sanft berührt wird. Er scheint es zu mögen, der Star zu sein. Im Stop-and-Go-Schritt stöbern wir den ganzen Vormittag durch die Gänge. Alles augen- oder geruchsscheinlich Leckere, viele Flaschen Wasser, thailändische Windeln von Mamy Poko und Goon sowie ein ferngesteuertes Spielzeugboot landen im überdimensionalen Einkaufswagen. Die Preise für Thai-Produkte sind günstig, die Preise für westliche Lebensmittel vergleichbar mit einem Einkauf in Deutschland. Wir zahlen 3.900 Baht (97,50 Euro), allerdings ohne es nachvollziehen zu können, da der Bon ausschließlich in thailändischen Schriftzeichen gedruckt ist.

Nach getaner Arbeit schieben wir unseren Wagen zum Food Court. Etwa 15 feste Stände mit vielfältigem gastronomischen Angebot gruppieren sich in einem gläsernen, klimatisierten Raum. Die von den Imbissen gemeinsam genutzten, Tischgruppen verteilen sich entlang der Fenster und Gänge. Es riecht nach allen Facetten asiatischen Essens: süß und sauer, nach Fischsoße, Soja, Galgant, Kokosmilch, Zitronengras und vielen weiteren. Auch wenn das Angebot eines jeden Zubereiters, neben großen thailändischen Schriftzeichen, auch in lateinischen Buchstaben über seinem Stand prangt, bin ich froh, mich anhand der vorbereiteten Gerichte hinter Glasscheiben und in Vitrinen festlegen zu können.

Food Court im Tesco Lotus Supermarkt

Mit aufgeladener Cash Card und gesteigertem Speichelfluss bummeln wir die Stände entlang, bis sich Carl für Spaghetti Bolognese an einem der zwei amerikanisch-europäischen Stände entscheidet. Zwar rümpfe ich die Nase beim Anblick des Auslagentellers, dennoch möchte ich meinem Sohn den Wunsch nach italienischem Essen nicht verwehren, insbesondere, weil er in den letzten Tagen alles ihm Unbekannte tapfer gegessen hat. An der Theke angekommen, entscheidet er sich allerdings doch gegen das Gericht, weil die Köchin mit dem Kopf auf dem Tresen liegt, dabei tief und fest schläft. „Lieber nicht wecken", flüstert Carl. Nebenan gibt es Pizza Margherita, noch besser, zumindest für die Geschmacksnerven meines Fünfjährigen. Glücklich gesellt er sich zu Torsten, der es sich mit einem roten Garnelen-Curry an einem klapprigen Tisch bequem gemacht hat. So, nun bin ich aber dran. Wo ist denn der Curry-Mann, mal sehen, was es da hinten...

„Biiiene!"

Die Verzweiflung in Torstens Stimme lässt mich auf dem Absatz kehrtmachen. Verheulte Augen in einem hochroten Gesicht blicken mich flehend an. Sein Gericht scheint pät pät zu sein, also sehr scharf. „Ich kann das nicht essen" stammelt er mit wenig Luft in der Stimme, „bitte iss du das." Meine persönliche Schärfegrenze liegt weit über seiner, so dass ich sein Curry restlos aufesse, während er einen erfolgreicheren Versuch mit Pad Thai unternimmt. Zugegebenermaßen brauche ich eine Menge Wasser, bis meine Mundhöhle aufhört zu brennen, aber eine Geschmacksexplosion ist es allemal. Zum Nachtisch gibt es Waf-

feln, jeweils gefüllt mit Schokolade, Mandeln und der tropischen Frucht Rambutan, sehr lecker.
In der angrenzenden, quietschbunten Kinderspiel-Ecke reiht sich ein Computerspiel-Automat neben den anderen. Für alle Altersklassen. Die schuckelnden Fahrzeuge für die kleinen, bis hin zu den Autorenn-Simulatoren für die größeren Kinder. Nachdem die Kinder fertig geschüttelt wurden, gefahren sind oder geschossen haben, wischen zwei Mitarbeiterinnen jegliche Griffe und Sitzflächen mit Desinfektionsmittel ab. Eigentlich sind nicht viele Kinder da, dennoch muht, pufft, explodiert und hupt es in ohrenbetäubender Lautstärke. Nebenan stehen drei Zellen mit Mikrofonen und großen Bildschirmen. Kleine Fenster geben den Blick frei zu den sich darin aufhaltenden Jugendlichen. Die meisten tragen noch ihre Schuluniformen, sie scheinen eine Menge Spaß beim gemeinsamen Karaoke-Singen und Tanzen zu haben.

Es ist ungewohnt, Butter und Käse bei 30 Grad Außentemperatur auf einer offenen Ladefläche zu transportieren, aber funktioniert problemlos. Zu Hause angekommen, treiben wir das Känguru in die Einfahrt und sind erstmal überrascht. Haben wir Besuch? Warum parken hier zwei große Pick-Ups? Es dauert etwas, bis ich begreife, dass die Fahrzeuge zur Baustelle gehören. Torsten hebt vorwurfsvoll seine Hände vom Lenkrad – eine automatische Geste in der deutschen „Autofahr-Was-soll-das-Art“. Die herumstehenden Thais gucken erschrocken und pikiert, während die Fahrer mit ungewohnt hektischen Bewegungen ihre Fahrzeuge zurücksetzen.

Wir räumen die Einkäufe so schnell wie möglich von der Ladefläche in die Küche. Johann brüllt. Carl diskutiert über die Notwendigkeit des Händewaschens. Die Wurst schmilzt. Der Stresspegel steigt. Unterdessen stehen die Bauarbeiter auf ihrem Gerüst, lediglich ein paar Meter entfernt, und verfolgen unser Schauspiel mit entsetzten Blicken. Irgendetwas ist falsch, das spüre ich. Haben wir ein Fettnäpfchen erwischt? „Immer schön lächeln“, hauche ich mit zusammengepressten Zähnen und erstarrter Miene zu Torsten, als er mir, bepackt mit weiteren Plastiktüten, entgegenkommt. Eingefroren lächelt er zurück. Meinen Mund versuche ich noch breiter zu ziehen, als ich mit ihnen Augenkontakt aufnehme, um mich zu verabschieden, bevor ich die Haustür schließe. Beim Einräumen in den Kühlschrank wird mir alles klar: Das war ein Anfänger-Fehler! Und was für einer!

Thailänder lieben den harmonischen, rücksichtsvollen Umgang miteinander. Zurschaustellen von Unwillen, Kritik, Verzweiflung, Unzufriedenheit, Missbilligung, aber auch von Enthusiasmus, stößt auf Unverständnis. Jeder, der anders reagiert und nicht Ärger nicht mit einem Lächeln herunterschluckt, riskiert es, sein „Gesicht zu verlieren“. Und damit sein Ansehen, seine Ehre, das Schlimmste, was einem in der thailändischen Gesellschaft passieren kann. Hier gilt das Prinzip des Jai Yen (kühles Herz), einer steten, ruhigen Gelassenheit im Miteinander. Bist du wütend, dann lächle lieber. Auch in einer Meinungsverschieden-

heit bleibst du lieber ruhig. Kritisierst du jemanden offen oder sehr persönlich, dann hast du schnell einen lebenslangen Feind. Stattdessen heißt es, anderen zu schmeicheln, was das Zeug hält, und alles daran zu setzen, die herrschende Harmonie zu erhalten. Bei den Bauarbeitern sind wir auf jeden Fall unten durch. Gesichtslose Trampel-Farangs ohne den Hauch einer Ehre! Dabei war es wirklich nur eine klitzekleine Geste, ein für uns so typischer Reflex. Was wäre wohl geschehen, wenn wir gepöbelt oder gar mit bösem Gesicht ungehalten die Seitenscheibe heruntergekurbelt hätten?
Carl appelliert an die Toleranz der Thais. Während wir uns beim Verstauen über unseren Ärger ärgern, sitzt er schon an seinem Lieblingsplatz, mit ihnen um die Wette strahlend. Die Bauarbeiter scheinen wieder milde gestimmt. So etwas wird uns nicht noch einmal passieren. Die Bewahrung einer derartigen Beherrschung ist allerdings kein einfaches Unterfangen.

Nachdem alle Tränen über das zwei Stunden alte, ferngesteuerte, gekenterte Plastikboot aus dem Supermarkt wieder getrocknet sind (Johann hat die Antenne aus der Fernbedienung gerissen), fahren wir in die Inselhauptstadt Nathon. Auf Samui gibt es nur einen Ort, der offiziell als Stadt gilt. Dessen Bedeutung besteht vor allem darin, dass hier die Fähren vom Festland anlegen, und dass sich im Ort die Behörden Koh Samuis befinden: das Polizeibüro, die Einwanderungsbehörde, ein Postamt. Banken, ein weiterer Supermarkt, Reisebüros, das staatliche Krankenhaus, mehrere Tankstellen, viele kleine Geschäfte, Restaurants, Frischmärkte und ein abendlicher Essensmarkt am Pier runden das Ganze ab.
Auf dem Weg dorthin verläuft die Ringstraße nah an den Stränden entlang. Inmitten herrlicher Strandvegetation stehen typische, einfache Holzbungalows, dazwischen unbebaute Flächen mit Kokospalmen und urigen kleinen Restaurants, von denen die meisten nur mit thailändischen Schriftzeichen beschildert sind.
Ich mag Nathon. Das Provinzstädtchen hat auf unspektakuläre Art einen friedlichen, verschlafenen Charme, auch wenn sich hier mittlerweile eine Menge Fahrzeuge durch die Einbahnstraßen quälen. Nachdem wir an der Hauptstraße geparkt haben, spazieren wir an den Geschäften und Ständen entlang, bis wir schließlich eine Mango kaufen. Auf dem Rückweg wird das Känguru auf der bergigen Strecke bedenklich langsam, schafft es aber rechtzeitig in unsere Straße, bevor sich ein kräftiges Tropengewitter über uns entlädt. Als Torsten ihn auf den letzten Metern an einem aufwärts gelegenen, schlafenden Polizisten mit einem weiten Hüpfer abwürgt, bemerkt Carl, noch immer auf der Notbank ausharrend, dass Thailand ja ziemlich verrückt sei. Für ihn ist jeder Tag ein riesiges Abenteuer. Es ist eine große Herausforderung, die neuen Eindrücke zu verdauen, wenn man Asien zum ersten Mal im Leben in sich aufnimmt, mit allen Sinnen, und dann auch noch mit kindlichen Augen.

Inseltour mit Rumpel-Rudi

Der nächtliche Regen hat für leichte Abkühlung gesorgt. Dunkelgraue Wolken zieren den Himmel, während ein böiger Wind die Cornflakes-Packung vom Frühstückstisch weht, prima Wetter für die erste Inselrundfahrt. Mit dem gesattelten Känguru geht es Richtung Westen. Hier, auf der anderen Seite der Berge, scheint es auch am Morgen ordentlich geregnet zu haben, denn die Straße ist übersät mit schlammigen Pfützen. Dass neben den Stoßdämpfern auch die Scheibenwischer des Suzukis nicht funktionieren, erfahren wir kurz hinter Nathon, wo wir geradewegs in eine Pfütze steuern, die sich vom Straßenrand bis zur Mitte unserer Fahrspur erstreckt. Nichts Dramatisches und nicht die erste, die wir an diesem Morgen durchfahren. Allerdings unterschätzen wir ihre Tiefe. Als wir sie durchqueren, spritzen die Wassermassen hoch. Aufgrund des entstehenden Aquaplanings lässt sich der Wagen einige Sekunden lang nicht mehr lenken, das Unangenehmste ist, dass wir auch nichts mehr sehen, da die Windschutz- und Seitenscheiben vollständig vom Pfützenwasser umspült werden. Sind wir abgetaucht? Zumindest höre ich, dass wir uns noch auf der Straße befinden, denn auf der Fahrbahn hupen die entgegenkommenden Autos und Mopeds. In Gedanken bitte ich sie inständig, mitzudenken und zur Seite zu fahren, wenn wir ausscheren. Stehen hier eigentlich Bäume am Straßenrand? Oder Häuser? Schnell greife ich nach Carls Hand, drücke Johann, im Tragesitz schlafend, fester an meinen Bauch. Der Blindflug dauert gefühlte Ewigkeiten. Als wir wieder durch die Scheibe schauen können, befinden wir uns immer noch auf unserer Straßenseite. Mein Herz klopft laut gegen meinen Brustkorb, während sich Carl über eine eingequetschte Hand beschwert. „Ich mag Rumpel-Rudi“, folgert er liebevoll von der Notsitzbank aus, woraufhin ich gar nichts mehr sage und erstmal Adrenalin abbaue.

Wat Kunaram

Das thailändische Wort Wat bedeutet Tempel. Wats sind eine Mischung aus Kloster und Kirche. Rund 32.000 Wats gibt es in ganz Thailand.
Wat Kunaram ist kein außergewöhnlicher buddhistischer Tempel. Der Grund für den Andrang von Besuchern aus aller Welt ist ein Mönch. Er heißt Loung Por Daeng (oder Dang Piyasilo), geboren 1894, Vater von sechs Kindern, von denen heute noch ein paar auf Koh Samui leben. Mit 50 Jahren entschied er sich, seinen letzten Lebensabschnitt dem Buddhismus als Mönch zu widmen. Als einer der ersten „Jao Wat‘s“ (Bezeichnung für Abt oder Vorsteher) war er insbesondere für seine Meditationspraktiken bekannt. Mit 79 Jahren teilte er seinen Schülern mit, dass sein Tod bevorstehe und sein letzter Wille sei, – sollte sein Körper nicht verwesen – sitzend in einem gläsernen Sarg im Wat Kunaram platziert zu wer-

den. Sieben Tage vor dem Ereignis zog er sich zurück, begann zu meditieren und starb in diesem Zustand. Das war vor 30 Jahren. Heute ist er Besuchermagnet, Symbol und Vorbild für nachfolgende Generationen.

Loung Por Daeng sitzt seit 30 Jahren hinter der Scheibe

Zu unserer Freude hat sich der alte Mann seit unserem letzten Besuch vor zehn Jahren überhaupt nicht verändert. Er trägt immer noch die Ray Ban Sonnenbrille, die ihm seine Mit-Mönche aufsetzten, als seine Augen in den Schädel sanken, und sitzt immer noch in genau der Meditationsposition, in der er starb. Trotz des feuchtheißen Tropenklimas ist sein Körper nicht verwest, seine Haare und Fingernägel wachsen weiter.

Das Treiben auf dem Tempelgelände zeichnet sich durch eine betriebsame Ruhe aus. Gläubige knien betend vor dem mumifizierten Mönch nieder, die gefalteten Hände an die Stirn gelegt, in tiefer, bis zum Boden reichender Verbeugung. Manchmal halten sie Blumen zwischen den gefalteten Händen, manchmal entzündete Räucherstäbchen. Daneben jagen schwitzende Touristen Schnappschüsse, bevor sie auf ihre 4-Wheel-Drives klettern und zum nächsten Stop der Inselrundfahrt aufbrechen.

Ein lebendiger Mönch, abseits an einem Tisch sitzend, vor ihm kleine Körbe mit bunten Armbändern, winkt uns dezent zu sich heran. Mit einem „Boy!“, das keinen Widerspruch zulässt, bittet er Carl, sich auf den vor ihm platzierten Stuhl zu setzen. Zunächst verunsichert lässt er sich nieder, schließlich ist der Anblick des Mönchs mit Brille, kurz rasierten, weißen Haaren und safranfarbener Mönchskutte, die den Blick auf seine rechte Schulter freigibt, ungewohnt. Der alte Mann lächelt ihn aber so milde an, dass er seine Scheu verliert und sich ihm wie selbstverständlich mit sachten Bewegungen und leicht gesenktem Kopf nähert. Der Mönch wählt eines der Armbänder aus, bevor er es um Carls Handgelenk legt. Während er einzelne Knoten bindet, murmelt er in monotonem Sing-Sang. Beim abschließenden Knoten schaut er lächelnd hoch und flüstert „Good luck, good luck, good luck.“, bis Carl ihm entzückt entgegenstrahlt. Auch Torsten und Johann knotet er ein Glücksarmband um die Handgelenke. Frauen darf der buddhistische Mönch nicht berühren, daher lässt er ein weiteres Armband in meine Handfläche fallen. Wir bedanken uns mit Dauer-Lächeln, einer Tempel-Spende, vielen Khap Khun Kah/Kap‘s und Farang-Style-Verbeugungen. Stolz und irgendwie bedächtig schauen wir die Glücksarmbänder an, ganz sicher, dass wir sie so lange tragen werden, bis sie von selbst abfallen, denn nur dann, heißt es, kann der Glückssegen des Mönchs in Erfüllung gehen.

Tempeltreiben

Hin Ta & Hin Yai

Der nächste Halt unserer Inselrundfahrt ist der Großmutter- und Großvater-Felsen (Hin Ta & Hin Yai) zwischen dem Fischerdorf Hua Thanon und Lamai, im Südosten der Insel gelegen. Lamai ist bekannt als „Hard Rock Beach“, nicht nur wegen der vorherrschenden Musikrichtung, sondern auch aufgrund der für

diesen Inselabschnitt typischen Steinformationen. Die Namen Hin Ta und Hin Yai sind eine Anspielung auf die Form der Felsen, da sie wie ein männliches und ein weibliches Geschlechtsorgan aussehen.
Nach einer Legende stehen sie für ein altes Ehepaar, Ta Kreng (Großvater Kreng) und Yai Riem (Großmutter Riem). Als ihr einziger Sohn alt genug war, segelten sie zur Nachbarinsel, um dort um die Hand von Ta Monglais Tochter anzuhalten. Doch ihr Boot geriet in einen Sturm. Sie ertranken im Meer und versteinerten zum Symbol ihrer guten Absichten als erhoffte Brauteltern.

Nicht zu übersehen: der Großvater

Von der Ringstraße aus schlängeln wir uns die schmale Anfahrtsstraße entlang, zahlen 20 Baht (0,50 Euro) für einen Parkplatz und balancieren eine Weile auf den Felsen herum. Um uns herum tun sehr viele Menschen unterschiedlicher Herkunft genau das Gleiche: Russen, Japaner, Inder, Holländer und so weiter – eine bunte Mischung an Gruppen, Pauschal- und Rucksacktouristen. Es wäre hier, an den wohl ungewöhnlichsten Felsformationen, direkt am Meer mit tollem Blick auf die nahegelegenen Buchten, paradiesisch, würde sich so mancher Besucher nicht völlig daneben benehmen. Laut johlend schmeißen sie Müll in die Felsritzen. Während das Verhalten dieser Leute schlechte Laune provoziert, macht ein gewaltiger Wolkenbruch unsere weiteren Sightseeing-Pläne zunichte. Planänderung. Anstatt zum Lamai Beach, fahren wir Richtung Norden, entlang wenigen naturbelassenen Abschnitten. An der Ringstraße drängeln sich moderne Häuser mit Glasfassaden sowie unzählige Shops, Restaurants, Massagesalons, Hotelanlagen, Moped- und Autovermietungen, Reisebüros sowie Ferien- oder Privatvillen aneinander. Zwar beherrscht beim Blick in das Inselinnere – je südlicher, desto bergiger ist es in Meeresnähe – noch die typische Kokospalme das Bild, allerdings sind auch die Berghänge bereits mit einer Vielzahl an Einzelhäusern und Wohnkomplexen bebaut. Überdimensionale Schilder weisen auf ein Resort hier, ein Hotel da und das überhaupt beste Spa hin. Es wirkt, als führt der Weg durch eine mittelgroße Stadt. Koh Samui wurde urbanisiert, und zwar mit eindeutig westlichem Touch. Für Touristen, und zum großen Teil von Einwanderern, die früher Touristen waren. Wie lässt sich sonst die große Ansammlung an Farangs erklären, die hier Bäckereien, Restaurants, Fleischereien, Reiseagenturen, Hotels und mehr betreiben?

Zwischen Ringstraße und Strand finden wir am Bang Por Beach mindestens zehn offene Hütten mit beleuchteten Werbeschildern. Alle seien gleichermaßen fantastisch, hat Birgit im Vorfeld bestätigt. Es dämmert bereits, als wir es uns auf den verwitterten Bambusstühlen bequem machen. Und wie Recht sie hat! Das Essen, gebratener Reis mit Gemüse, gegrillter Tintenfisch in Knoblauchsauce und Massaman Curry, ist erstklassig! Johann probiert bei allen Gerichten, außer dem pikanten Massaman Curry, und ernennt den gebratenen Reis mit klein geschnittenem, kurz angebratenem Brokkoli, Möhren und Baby-Mais zum favorisierten Abendessen. Am Wasser sitzend, knipsen wir während des Sonnenuntergangs ungefähr alle 30 Sekunden ein Foto, weil der Himmel noch schöner und noch schöner wird. Es weht eine leichte Brise, wir hören den Wellen zu und atmen tief durch. Nach den heutigen Impressionen ist es der ideale Ort der Ruhe.
Carl spielt unterdessen mit Kit, dem vierjährigen Sohn des Kochs. Ich begleite die beiden zum Wasser, wo die Jungs im schwachen Schein einer Lampe Bilder in den feuchten Sand malen. Zunächst redet Kit ohne Unterbrechung in Thai, aber findet schließlich einen Weg, um mit Carl zu kommunizieren. Gemeinsam zählen sie von eins bis zehn in englischer Sprache, um sich dann gegenseitig – anhand der in den Sand gekritzelten Zahlen – die Zahlenreihen in deutsch und Thai beizubringen. Die Laute in der Sprache des anderen erwirken schallendes Gelächter und Gequieke, so dass auch Kits Papa kurz vorbeikommt, um zu checken, was die beiden dort treiben. So müsste man sich jeder Sprache nähern, mit Gelächter und Gequieke klappt es auch mit der Tonsprache, stelle ich fest und bohre meine Füße noch tiefer in den warmen Sand.

Mienenspiele

Ich wache von einem Kotzgeräusch auf. Eigentlich von dem Würgegeräusch, das mit dem Spucken einhergeht. Draußen ist es noch dunkel. Nebenan hängt Torsten über der Kloschüssel und erbricht. Glücklicherweise ist es nichts Langwieriges. Bei Sonnenaufgang hat er wieder Farbe im Gesicht, aber erst in 29 Tagen und in 1.045 Kilometern Entfernung werden wir den Grund für die Unpässlichkeit herausfinden.

Ich funktioniere das Baby-Essen, Möhren mit Kartoffeln, in ein Kranken-Essen für die ganze Familie um. Leider lässt sich Johanns Portion nicht in Brei-Konsistenz wandeln, da der betagte Standmixer nach nur ein paar Sekunden anfängt zu qualmen. Es ist ein abenteuerliches Gerät aus dünnem Plastik. Den Rest zerkleinere ich lieber mit der Gabel, da mich eine brennende Küche jetzt eher überfordern würde.

Der Regen ergießt sich in Strömen, während die ganze Familie dunkelgraue Wolkenschleier beobachtet und lächeln übt. Angeblich beherrschen Thailänder 700 Arten zu Lächeln, wovon 13 Lächel-Facetten als Hauptarten gelten: 13 subtile Nuancen, die Mundwinkel Richtung Ohren zu ziehen, mal mehr, mal weniger die Zähne zu zeigen und die Wangenmuskeln anzuspannen. Anders als in westlichen Ländern, ist das Lächeln nicht nur Ausdruck von Freude und Heiterkeit, es bedeutet häufig auch Dank für eine erwiesene Gefälligkeit, es mag Anteilnahme, Resignation, Reue oder auch die Bitte um Verzeihung, bisweilen sogar Verlegenheit, Wut und Hassgefühle ausdrücken. Es ist uns aus europäischer Sichtweise nahezu unmöglich, einen Blick hinter das berühmte Lächeln zu werfen, das Thailand den Beinamen „Land des Lächelns“ einbringt. Für Fremde mögen die Lächel-Arten alle gleich aussehen, für Thais sind es jedoch kleine, aber feine Unterschiede, die untereinander sofort verstanden werden und eine Fülle an Schattierungen bieten.

Los geht‘s ins Trainingslager: Zunächst gibt es das Yim thang nam taa, das „Ich-bin-so-glücklich, dass-ich-weinen-könnte“- Lächeln. Das kennen wir, in unserer ad-hoc-Darbietung wirkt es jedoch eher ulkig. Während das Yim cheun chom, das „Ich-bewundere-Dich“-Lächeln, sowie das Fuen Yim, das harte Lächeln mit guter Miene zum bösen Spiel, für uns nachvollzieh- und nachahmbar sind, ist das Yim mee lessanai, ein Lächeln, das böse Gedanken verbirgt, schon eine Herausforderung. Noch schwieriger wird es beim Yim yae-yae, dem „Ich-weiß-es-sieht-schlecht-aus-für-uns, aber-jetzt-ist-es-eh-zu-spät-zum-Jammern“-Lächeln, auch genutzt bei einer Entschuldigung oder um Spannung aus einer heiklen oder peinlichen Situation zu nehmen, und beim Yim suh, einem Lächeln, das man aufsetzt, wenn man einer unmöglichen Aufgabe gegenüber steht. Wir Farangs bekommen häufig das Yim thak thaai zu sehen, ein höfliches Lächeln für Fremde. Yim yaw ist das arrogante „Das-habe-ich-Dir-doch-schon-vorher-gesagt“-Lächeln oder man setzt es auf, wenn man jemanden ärgern möchte. Vergeblich üben wir das traurige Lächeln, das Yim suai, und das Yim chin-chin, das Siegerlächeln, das man dem Verlierer schenkt. Etwas besser gelingt uns das nervös-entschuldigende „Ich-weiß, dass-ich-Dir-Geld-schulde, aber-habe-es-nicht"-Lächeln, Yim häng, zumindest die Regung, die wir bei uns dafür verwenden würden. Oder das Yim thak thaan, das „Ich-bin-nicht-Deiner-Meinung"- Lächeln. Aber wie soll man als Farang von all den genannten Lächelarten das Yim mai au, das „Ich-möchte-Lächeln-kann-es-aber-nicht" unterscheiden?

Osterfeuer

An der Theke seines Ladens sitzend, singt uns Aom ein fröhliches „Sawadee kap" entgegen. Ich frage mich, was es wohl bedeuten mag. Vielleicht ist es ein „Warum-seid-ihr-Farangs-eigentlich-so-früh-wach"- oder ein „Ich-hoffe-Ihr-kauft-bei-mir-Frühstück"- Lächeln. Ich hingegen versuche mich an einem „Guten-Morgen, ich-bin-totmüde, weil-mein-Farangbaby-schon-um-5-Uhr-wach-war"- Lächeln, kann aber seine Antwort darauf nicht deuten. Ich gebe zu, dass ich für derart subtile Nuancen meines Gesichtsausdrucks nicht geschaffen bin, daher setze ich lieber auf verbale Kommunikation. Malee kommt ebenfalls aus der Tür. Sie hat schon Babybananen in der Hand und lacht laut los, als sie Carls Gesichtsausdruck sieht. Seine Mimik scheint eindeutig zu sein, denn als Antwort knuddelt sie ihn ausgiebig. Als er sich dann noch mit einem vorbildlichen „Khap khun kap" bedankt, stößt sie ein freudiges „Iiihhh" aus und lässt ihn gar nicht mehr los. Auch wir Erwachsene gehen nicht leer aus. Die beiden nehmen uns mit hinter ihr Haus, zeigen auf einen großen, dicht belaubten Baum mit saftigen grünen Blättern und gelb-braunen, kugelrunden Früchten, so groß wie Cocktailtomaten. Ähnlich wie bei der Weintraube hangen mehrere Früchte an einem Fruchtstand. Aom gibt uns jeweils eine davon, jedoch nicht ohne zu demonstrieren, wie man sie isst. Mit seinem langen Daumennagel öffnet er die rindenähnliche Schale, bevor er das weißlich durchscheinende Fruchtfleisch in den Mund steckt. Seine konzentrierten Augen, die Kaubewegungen und das anschließende Vor-die-Füße-spucken, natürlich verbunden mit einem breiten Grinsen, lassen uns wissen, dass es sich um einen Kern handeln muss. Wir tun es ihm begeistert nach. Das Fruchtfleisch schmeckt der Litschi ähnlich, aber doch irgendwie anders. Aom und Malee essen eine nach der anderen, während wir plaudern. „Lamyai, good, good." Etwas später finde ich heraus, dass es sich um einen Longan-Baum und entsprechende Longan-Früchte handelt. Auf chinesisch bedeutet der Name „Drachenauge", da die Früchte im geschälten Zustand eine gruselige Ähnlichkeit mit einem Augapfel haben. Isst man die Kerne, so riskiert man Magen-Darmbeschwerden, sie werden auch zur Produktion von Shampoo verwendet. Die „kleinen Brüder der Litschis" würden in China, so lese ich später, seit Jahrtausenden zur Stärkung des Organismus eingesetzt, zum Beispiel bei Müdigkeit, zur Beruhigung des Geistes sowie zur Nährung des Blutes. Aom hat meinen vollen Lächeleinsatz also doch verstanden! Oder hatte er nur Mitleid mit meinen Augenringen? Die beiden scheinen sich auf jeden Fall im Garten wach zu essen. Eine gesunde Alternative zum Morgenkaffee.

Eingedeckt mit Reiseproviant fahren wir mit dem nächsten Songthaew nach Nathon. Am Pierparkplatz reihen sich die Sammeltaxen nebeneinander, hier ist die Endhaltestelle. Nachdem wir Geld abgehoben haben, kaufen wir T-Shirts im Hippie-Wrinkle-Stretch-alternativ-und-cool-Look, bis beide Jungs anfangen zu motzen. Der eine hat Hunger, dem anderen ist heiß. Bei drei Männern in der Familie gilt es, Shopping-Einheiten vorsichtig zu dosieren. Vor dem Essen lassen wir uns in einer Reise-Agentur zu den Optionen beraten, von Samui nach Krabi zu reisen. Ein Abstecher nach Krabi wäre toll, zumal wir das südwestliche Festland am Indischen Ozean noch nicht kennen. Unsere innere Rastlosigkeit, möglichst viel sehen zu wollen, macht sich immer stärker bemerkbar. Aber wie kommen wir stressfrei dorthin? Während ein Flug mit der Bangkok Airways 3.000 Baht (75 Euro) pro Person kostet, bieten zwei verschiedene Gesellschaften kombinierte Fähr- und Bustransfers an, die jeweils sechs Stunden dauern („maybe more“, „sometimes a lot time more“, so die Dame aus der Reiseagentur). Dafür kostet der Trip lediglich zwischen 350 und 550 Baht (8,75-13,75 Euro) pro erwachsener Person. Auf Samui gebe es ein großes Ungleichgewicht zwischen verfügbaren Hotelbetten und den überteuerten Flugplätzen, berichtet die Expertin. Wir könnten doch nach Bangkok reisen, per Flugzeug über den auf dem Festland gelegenen Flughafen Surat Thani, mit dem Tag- oder Nachtbus sowie mit dem Tag- oder Nachtzug. Oder warum nicht mit einem Mietwagen? Die Entscheidung wird auf einen späteren Zeitpunkt vertagt.

Als wir in unsere Straße einbiegen, bleiben wir vor Schreck wie angewurzelt stehen. Dort hinten, also genau da, wo unser Haus steht, am Ende der Sackgasse, da brennt es! Dort ist nicht nur aufsteigender Rauch, sondern auch das lodernde Feuer in der Größe eines vorstädtischen Osterfeuers zu sehen. Schnellen Schrittes nähern wir uns der Brandstelle. Wir sind fassungslos, die Schlagzeile flimmert vor unseren inneren Augen: „Mixer brennt Farang-Haus nieder“, dann erahnen wir die Silhouetten zweier Männer, die das Feuer mit Palmenwedel nähren. Zusammen mit einem thailändischen Bauarbeiter verbrennt der Bauherr, ein schlanker, weißer Mann mit Fönfrisur, der uns von weitem mit „Bon jour, ça va?“ begrüßt, Holzplanken, leere Betonsäcke und große Palmenwedel. Es qualmt und stinkt, die Rauchschwaden ziehen durchs ganze Tal, so dass wir unsere Gesichter bedecken müssen, bis wir die Haustür hinter uns schließen. Wenigstens ist der Mixer unversehrt. Bislang jedenfalls.

Gegen 18 Uhr steht ein Toyota Pick Up älteren Baujahres in der Einfahrt. Es ist Thomas aus Düsseldorf, ein weiterer Farang, der hier sein Glück gesucht und anscheinend auch gefunden hat. Seine Frau Jaroay ist inselweit bekannt für ihre überragenden Kochkünste. Zusammen fahren wir zu seinem „Terrassen-Restaurant“ in Santi Thani. Eigentlich ist es sein Haus, an einem Bergrücken gelegen, das Restaurant seine angrenzende Privat-Terrasse. In 147 Metern Höhe staunen wir über den Blick auf Buchten, Palmenwälder und das endlose Meer. Thomas ist Mitte 50, groß, mit noch größerem Bauch und ein redseliger Zeitgenosse. Drei Tische haben auf seiner Terrasse Platz, auf der er Gäste bewirtet. Seinen Pool darf man benutzen, ein Appartement vermietet er auch. „Man müsse sich halt was einfallen lassen“, erklärt er mit rheinischem Dialekt. Seit 17 Jahren sei der gelernte Koch auf der Insel. Den ganzen Abend wird er mit seinem Bier an unserem Tisch verbringen, da er hat eine Menge zu erzählen hat. Carl krümmt sich vor Lachen über seine Tünnes und Schäl – Witze, unterdessen warten wir geduldig auf seine Frau, die in ihrer Privatküche wirbelt und Thomas ab und zu einen Löffel zum Abschmecken bringt. Die Sonne geht unter, aus den Lautsprechern ertönt Heino, Heintje und Scott McKenzie. Was für ein skurriler Abend, der seinen Höhepunkt in Jaroays Essen findet. Thomas‘ Figur kann ich nun nachvollziehen. Jaroay kann kochen, und zwar phänomenal!

Ruf der Heckenschere

Lek tut es schon wieder! Es ist eine nahezu identische Situation, identisch peinlich. Gemeinsam mit Carl sitze ich gegen 9:30 Uhr im Wohnzimmer, leicht bekleidet, mit struwweligen Haaren und ungeschminktem Gesicht. Urlaub eben. Privatsphäre. Auf einmal steht sie auf der Terrasse und mustert mich dermaßen intensiv, dass sie sogar ihren Kopf dabei bewegt. In ihrem Gesichtsausdruck lese ich pure Fassungslosigkeit. „Hellooo“ singt sie tonlos, während sie mir eine Tüte mit frisch gewaschener Wäsche überreicht, „180 Baht (4,50 Euro) for this.“ Ich möchte einfach nur im Boden versinken. Ich ringe mir ein Lächeln ab, obwohl mir überhaupt nicht danach ist, weil ich weiß, dass ich spätestens jetzt völlig bei ihr verloren haben muss.

Die thailändische Gesellschaft ist stark hierarchisch gegliedert. Für einen Thai ist es sehr wichtig, möglichst schnell herauszufinden, welche soziale Position und damit verbundene Machtstellung sein Gegenüber innehat. Davon hängt beispielsweise ab, ob und wie genau der wai ausgeführt wird und welcher Grad an Respekt angebracht ist. Wichtige Anhaltspunkte sind dabei die äußere Erscheinung wie Kleidung und das geschätzte Alter. Auch das Benehmen und die Art der Sprache ermöglichen, neben der Schulbildung, dem Beruf, den Vermögensverhältnissen, den Beziehungen und deren Reichweiten, eine recht exakte Positionierung. Weil dies so bedeutsam ist, neigt der Thai dazu, sich bis an den Rand seiner finanziellen Möglichkeiten auffallend gepflegt zu kleiden. So könnte er vielleicht ein besseres Ranking bekommen, als ihm eigentlich zusteht, es funk-

tioniert allerdings nicht immer. Ausländern unterstellt man automatisch einen hohen sozialen Rang. Sie müssen schließlich sehr reich sein, wie sonst könnten sie sich einen Urlaub in Thailand leisten. Die Bezeichnung „Farang“ ist eine Art Allzweck-Klassifizierung, da der Tourist nach der für Thais gültigen Checkliste nicht eingeordnet werden kann. Wenn Ausländer sich schmuddelig kleiden – was in Thailand nur arme Leute tun -, entsteht große Irritation.
Auch den Wert der Privatsphäre gibt es in Thailand nicht. Kaum ein Thai verspürt den Wunsch nach Alleinsein, sie fühlen sich vor allem in der Gruppe wohl. Meine zurechtgelegte Erklärung, dass ich lediglich privat, nach dem Aufstehen, im Kreise meiner Familie so auftrete, würde Lek nicht nachvollziehen können, daher erspare ich sie ihr. Kurze Zeit später bin ich gewaschen und gestriegelt. Schade, Lek ist schon gegangen.

Zum Mittag besorgt Torsten ein Drei-Gänge-Menü aus dem Terrace House Restaurant. Liebevoll sind Suppen, Hauptgerichte sowie Mango mit Klebreis und Kokosmilch in Einwegschachteln und -schüsseln verpackt. Es ist ein herrlicher Tag. Der Himmel erstrahlt in strahlendstem Blau, und der Wind wiegt die Palmen sanft hin und her. Mit einem genussvollen „Hmmm“ fällt unser Blick auf den Garten. Das leise Brummen der Poolpumpe vermischt sich mit dem sporadischen Gebrüll der Affen. Die Farben der Bouganvillea-Büsche konkurrieren mit dem Pink, Gelb und Weiß der vielen weiteren Pflanzen, deren Namen ich nicht kenne. Auch dieses satte Grün des Busches. Moment mal. Was ist das? Hinter dem Busch, der in etwa zwei Metern Entfernung zum Pool gepflanzt wurde, ragen zwei Beine hervor. Wir unterbrechen unsere Mahlzeit, damit wir die dunkelhäutigen Füße in Flip-Flops sowie die in Jeans eingehüllten Unterschenkel näher anschauen können. Mehr sehen wir nicht, der Rest liegt hinter dem Busch. Wer ist das? Und warum bewegt sich dieser Mensch nicht? Ist er etwa tot? In unserem Garten? Auf Zehenspitzen schleichen wir uns heran. Als wir den Busch erreicht haben, vernehmen wir leises Schnarchen. Ein Bauarbeiter! Ein schlafender Bauarbeiter, der sich in seiner Mittagspause eine Runde aufs Ohr gehauen hat. Na dann, süße Träume.

Nach dem Mittagsschlaf treiben wir den heutigen Müßiggang auf die Spitze, indem wir uns im Pool versammeln. Von der höher gelegenen Baustelle schauen die Bauarbeiter interessiert zu, während sie mit ihren Hämmern, Stichsägen und Kreissägen einen Heidenkrach machen. Und da ist ja auch der junge Mann, der hier gerade geschlafen hat. „Hello!“ Doch jetzt geht es richtig los. Aus der Bambushecke des Dänen ertönt die lauteste Heckenschere aller Zeiten. Die Gärtner lächeln uns verlegen von ihrer Leiter aus zu, während sie mit der ohrenbetäubenden, aber nicht besonders effektiven Heckenschere ihre Arbeit verrichten.
Jetzt reicht‘s. Ich rufe Birgit an, natürlich mit der Heckenschere als Hintergrundgeräusch, erkläre ihr, dass wir nun eine andere Unterkunft suchen werden. Leider hat sie keine Alternative in petto, bietet aber ihre Hilfe an. Vielleicht finden wir sie doch noch, irgendwo auf der Insel, die erträumte tropische Ruhe.

Bleiben oder weiterziehen?

Meine Jungs leben mit der Sonne. Pünktlich zum Sonnenaufgang um sechs Uhr werden sie wach, pünktlich zum Sonnenuntergang gegen halb sieben wieder müde. Leider geben die Vorhänge es nicht her, ihnen einen künstlichen Sonnenaufgang vorzugaukeln. So ein bis zwei Stunden später wären traumhaft, aber bleiben ein Traum.
Auf dem Weg zu Chanya, Spitzname Joy, die uns am Flughafen zur Besichtigung eines Apartments abholen will, machen wir einen Abstecher ins Terrace House Restaurant. Dieses Mal haben wir Johanns mobilen Kindersitz dabei, so dass er am Tisch sitzt, diesen mit den geflochtenen Sets abräumt und das Gemüse mit Austernsauce wieder ausspuckt, weil er es mit seinen zweieinhalb Zähnchen noch nicht zerkleinern kann. Er sitzt also ganz zufrieden auf seinem Stuhl, spielt und ... drückt! Dies ist das erste Mal, dass er seinen bislang außerordentlich pünktlichen Stuhlgang unterwegs verrichtet. Ich gehe im Kopf alle Alternativen durch: noch einmal den Rückweg antreten und im Haus wickeln? Hier auf der Terrasse wickeln? In dem zweckmäßigen Klo hinter dem Haus wickeln? Die Besitzer fragen, ob ich in deren Wohnraum wickeln darf? Und wo ist eigentlich die Wickelunterlage? Zu Hause, na toll. Ich bitte Carl, auf dem Klo zu assistieren, denn ich befürchte, dass mein Baby – wie sonst auch – schwer zu bändigen sein wird. Also zackig, Johanns Kopf und Popo werden zunächst auf den mobilen Kindersitz, dann auf den klebrigen Fliesenboden gelegt. Carl reicht mir die erforderlichen Utensilien an, dabei hält er auch noch die Hände seines Bruders fest, damit er sich nicht umdrehen und loskrabbeln kann. Als wir uns mit gestreckter Flüssigseife die Hände waschen, erklären wir diese Herausforderung als bestanden. Nun bin ich bereit, Johann darf von mir aus überall römern.

Mit dem nächsten Songthaew fahren wir zum Flughafen, wo wir am Seven-Eleven-Markt hinter der Ankunftshalle Joy treffen. Sie, eine Thai um die Dreißig mit vielen Tattoos an Armen, Beinen und Rücken, sitzt zusammen mit dem dicken Schäferhund Gustav in einem TukTuk. Mike, ihr deutscher Mann, ist der Fahrer. Beide sind vor sieben Jahren aus Remscheid nach Samui gekommen, haben Apartment-Häuser gebaut, die sie nun vermieten. Nach zehnminütiger Fahrt entlang des Flughafengeländes, durch ein kleines Dorf und dann einen Berg hinauf, sind wir am Ziel. Die Wohnung ist ausgezeichnet, mindestens 100 Quadratmeter groß und hat alles, was wir eigentlich gar nicht brauchen. Auch der Ausblick von der stylishen Dachterrasse begeistert. Zu sehen sind endlose Palmenwälder, drei malerische Buchten Richtung Koh Phangan sowie den Strandabschnitt Chaweng Richtung Osten. Unterhalb der Dachterrasse befindet sich der Design-Pool mit Wasserlauf und integrierten Natursteinen, ein großartiges Flair. Hier sehe ich mich schon tiefenentspannt sitzen, neben dem gefahrlos umherkrabbelnden Johann. Diese Ruhe! Ein Paradies!

Schlagartig wird es laut. Eine Propellermaschine der Bangkok Airways fliegt in 700 Meter Luftlinie an der Dachterrasse vorbei. Carl ist restlos begeistert, ein Flugzeug im Startvorgang zum Greifen nahe, toll! Auch Torsten hat zunächst glänzende Augen (sein Kommentar lautet „Das ist ja interessant!“), dann wird er nachdenklich. „Die fliegen nur bis 22 Uhr“, versichert Mike, und ich glaube ihm. Es ist ein Paradies ... für Plane-Spotter.

Während Torsten zum Maenam Evening Market fährt, um frisches Obst zu kaufen, stimme ich für den morgigen Tag weitere Besichtigungstermine ab. Nach einer Stunde kommt er blass wieder zurück. Auf dem kleinen Markt, so berichtet er, könne man die Waren direkt von Händlern mit umgebauten Mopeds kaufen. Auf ihren am Gefährt befestigten Klapptischen bieten sie von Fliegen umschwirrtes Fleisch, Fisch, frittierte Kakerlaken sowie lebendige Aalen, Wasserschildkröten und Frösche an. Besorgt hat er zwei Mangos, Babybananen und vier Äpfel, die ich – so ermahnt er mich eingehend – vor dem Schälen waschen sollte, woraufhin ich dann meine Hände waschen, dann den Apfel großzügig schälen sollte, um dann meine Hände noch einmal zu waschen und natürlich die Arbeitsplatte, auf der die Schale lag. Der Marktbesuch scheint ihn beeindruckt zu haben.

Heulsuse

Die Nacht verläuft ähnlich wie die vorhergehenden.
Ein Uhr. Ich schlafe seit drei Stunden. Erst hält mich das laute Klappern der Klimaanlage wach, dann der sporadische kalte Luftstrom an den nicht bedeckten Körperteilen. Aber jetzt ist alles angenehm, langsam gleite ich in den Schlaf. Nein, jetzt noch nicht. Johann dreht sich, steht sekundenschnell wie ein Erdmännchen im Reisebett, fängt an zu weinen. Schlaftrunken nehme ich ihn aus dem Bett und lege ihn in meinen Arm. Er ist still. Ja, jetzt ist es soweit, ich schlafe ein. Nein, noch nicht. Mein Sohn beginnt sich hin und her zu wälzen. Seine kleinen Hände landen in meinem Gesicht, sein Kopf auf meinem Bauch, unterdessen bearbeiten seine Beinchen meinen restlichen Körper. Bitte, schreit mein Schlafhirn, lass mich schlafen! Mittlerweile tobt, lacht, erzählt er und schlägt zu. Ich lasse es im halbwachen Zustand geschehen, in Erwartung des Sonnenaufgangs, der sich heute zu verspäten scheint.
Halb drei. Johann trinkt Wasser. Nach einem Blick auf die Uhr quartiere ich ihn wieder aus, begleitet von lautem Protest. An seinem Bett sitzend, arbeite ich hart daran, ihn zu beruhigen, streichle ihn, singe und schhhh-e vor mich hin, bis mir Arme und Beine einschlafen. Wann auch immer ich mich, in Sicherheit wähnend, leise zurücklehne, scheint der winzige Luftstrom zu genügen, um ihn wieder in Alarmbereitschaft zu versetzen.

Vier Uhr. Ich schaffe es, mich in Zeitlupe in mein Bett zu manövrieren. Gerädert falle ich in den Tiefschlaf.
Fünf Uhr. Johann weint, legt sich nach ein paar Minuten selbst wieder hin und döst weiter.
Sechs Uhr. Ein ausgeschlafener Carl steht energiegeladen vor der Schlafzimmertür und freut sich darauf, den heutigen Tag zu starten. Auch Johann ist hellwach.

Ich bin mir durchaus bewusst, dass ich alles falsch mache, wozu internationale Baby-Schlafforscher raten. Aber mir fehlt auf der einen Seite die Kraft für diverse Schlafprogramm-Empfehlungen, auf der anderen Seite ist mir klar, dass mein Baby die vielen neuen Eindrücke um sich herum irgendwie verarbeiten muss. Und es spielen bestimmt auch noch der Jetlag, das unvermeidliche Summen der Klimaanlage, das Zirpen der Grillen vor dem Fenster, die Temperatur sowie die ungewohnte nächtliche Nähe in unserem Schlafzimmer eine Rolle, dass er ausgerechnet dann Aufmerksamkeitsdefizite zu haben scheint, wenn ich schlafen will.
Als Torsten aufsteht, um in der Küche das Milchfläschchen zuzubereiten, brechen bei mir alle Dämme. Ich fange an, bitterlich zu weinen. Eigentlich bin ich keine Heulsuse, ich kann wirklich vieles ertragen, ohne auch nur eine Träne zu vergießen. Aber in diesem, seit 14 Tagen andauernden, tiefenerschöpften Zustand geht es mit mir durch. Torsten tröstet mich, und zur Abwechslung bin ich diejenige, die gestreichelt wird. Irgendwann spricht er es aus: „Möchtest Du nach Hause fliegen?“ Mir wird ganz komisch. Nach Hause fliegen? Unsere Reise abbrechen? Aufgeben? Wieder in den Alltag zurück? Ja, ich gebe zu, dort wäre einiges einfacher. Dort hat Johann sein eigenes Zimmer, in dem er gefahrlos spielen kann, in dem er vor allem in den letzten zwei Monaten vor Abreise seelenruhig zehn Stunden pro Nacht geschlafen hat. Sofort bäumt sich alles in mir auf. Nein! Auf keinen Fall will ich nach Hause! Diese Mini-Auszeit machen wir wahrscheinlich nur einmal im Leben. Aufgeben wegen akuter Erschöpfung? Niemals! Ich werde mich an die nervenzehrenden Nächte gewöhnen. Irgendwann.

Hausbesichtigungen

Die erste Besichtigung einer alternativen Unterkunft führt uns, zusammen mit Birgit und in ihrem neuen Mitsubishi Pick-Up, nach Bang Rak, einem kleinen Ort im Norden der Insel, der sich an den Big Buddha Beach, auch Bang Rak Beach genannt, Richtung Inland anschließt. Der Weg zwischen Ringstraße und dem Haus ist verwegen. Die sandige Piste säumen offene Wellblech-Hütten, an denen selbstgemalte Schilder hängen: Laundry, Coffee, Massage. An der Straße stehen mobile Garküchen und kleine Shops, die Obst und Benzin in Flaschen verkaufen, zwischendrin einfache Bungalows, die, so steht es auf dem großen Schild davor, für 299 Baht (7,48 Euro) pro Nacht vermietet werden. Die Piste schlängelt sich weiter, bis wir an einem Palmenwald mit angrenzenden Steinhäusern ankommen. Das müssen sie sein, der Anblick deckt sich mit den Internet-Bildern. Jojo, eine auffallend kleine Frau, die nur wenig Englisch spricht, führt uns herum. Das zweigeschossige Haus ist groß, es hat sogar einen Privatpool im Garten. Nur der Preis sprengt unser Budget. Auch die Rauchsäule im Palmenwald und die Erklärung von Richard, einem kränklich wirkenden Briten, dass der Pool Wasser verliere, man aber ganz bestimmt heute noch herausfinden würde, woran das liege, schrecken uns ab. Weiter geht es zur „Villa Tanamera". In dieses kleine Resort mit sechs Häusern, direkt am Big Buddha Beach gelegen, stecke ich große Hoffnungen, die nur wenig später jäh enttäuscht werden. Die Einrichtung ist kaputt, der Betonfußboden schimmlig, und die permanente Geräuschkulisse durch die Nähe zur Ringstraße nervt. Auf nach Lamai, in den Südosten der Insel, zum „Seaview Paradise Resort". Der Name klingt vielversprechend, aber Birgit warnt uns. Sie habe die Anlage vor ein paar Jahren besucht und rate dringend von ihr ab, sollte sie noch in demselben Zustand sein. Sie behält Recht. Die Jungs schlafen auf dem Rückweg in meinen Armen ein, während wir mit Birgit plaudern. Sie berichtet von den deutschen Farangs auf der Insel. Es seien schon viele gekommen und auch wieder gegangen, sagt sie. Aussteigen sei kein Kinderspiel. Die meisten Farangs träfen sich regelmäßig, nicht zuletzt um alle drei Monate ihr Visum durch eine Ausreise in ein Nachbarland und der anschließenden Wiedereinreise zu erneuern. Auch wenn sie bereits seit Jahren hier lebe, so fahre sie jedes Quartal nach Malaysia, erzählt sie weiter. Es würden für auf Samui ansässige Farangs organisierte, ganztägige Visa-Bustouren angeboten werden. Aussteigen sei nicht erforderlich, man fahre lediglich über die Grenze, bekomme einen neuen Stempel und trete die Rückfahrt an. Anstrengend, aber eine prima Möglichkeit zum Austausch von Farang-Klatsch. Birgit möchte noch lange bleiben, und wenn es aus irgendeinem Grund nicht mehr möglich sei, so ziehe sie weiter, vielleicht nach Laos. Auf keinen Fall zurück nach Deutschland, denn es falle ihr mittlerweile schwer, sich in geschlossenen Räumen aufzuhalten. Leben sollte einfach draußen stattfinden. Mit Blick auf die vorbeisausende Landschaft weiß ich genau, was sie damit meint.

Etwa einen Kilometer von Aoms Laden entfernt, führt eine schmale Sackgasse Richtung Meer. Dreihundert Meter später passieren wir eine Bungalowanlage und einfache Strandrestaurants, bis wir bei den zehn Häusern namens „Hanalei Gardens" ankommen. Inmitten bunter Blumen und Palmen liegen sie an einer bildschönen Bucht, nur wenige Schritte vom Strand entfernt. Es ist ruhig, windig, menschenleer. Mein innerliches „Ja, das ist es doch!" trübt sich allerdings ein, als wir einen Blick ins Innere werfen. Hier haben schon viele vor uns gewohnt, aber das ist gar nicht schlimm. Mich stören die türlosen Zimmer und unzähligen Treppenstufen. Wäre Johann nur ein bisschen älter, wäre dies die Unterkunft meiner Wahl, aber ich muss mir eingestehen, dass ich mit meinem nachtaktiven und krabbelfreudigen Baby Sonder-Ansprüche an Türen und Bodenbeschaffenheit stelle.

Zurück in unserem Haus, haben wir die wohl wichtigste Erkenntnis unserer Reise: das, was wir suchen, haben wir schon gefunden! Die perfekte Welt gibt es nicht, warum sind wir immer auf der Suche danach? Wir sind doch schon da! Warum fällt es uns so schwer, anzukommen? Scheiß auf die Baustelle! Der Rest ist optimal. Ich atme durch. Die Erkenntnis fühlt sich hervorragend an. Und wir schieben gleich noch eine hinterher: wir brauchen ein Auto. Damit wir noch viel mehr erleben, dem Baulärm entfliehen können. Trotz der Erschöpfung geht es mir richtig gut. Mit Johann auf dem Arm tanze ich durchs Schlafzimmer, bis ich eine weibliche Stimme auf der Terrasse höre. Freudestrahlend kommt Carl mit einer Staude Babybananen und einer halben Wassermelone entgegen. „Die hat mir die Frau vom Opa gegeben“, berichtet er. Ich sehe gerade noch, wie Muh geht und bedanke mich umständlich. Von ihrer Haustür aus ruft sie mir ein „Welcome, welcome. From market. Maenam. Hope you stay.“ entgegen. Wie nett! Wie bitte? Was hat sie gesagt? Woher weiß sie denn, dass wir nach einer anderen Bleibe gesucht haben? Wir haben ihr doch gar nichts davon erzählt! In den nächsten Tagen wird sich das Rätsel lüften, das ich an dieser Stelle vorwegnehme: Nachdem Birgit uns am späten Nachmittag wieder abgesetzt hat, hat sie Tricia und Bob von schräg gegenüber getroffen und ihnen von unserer Inseltour berichtet. Die beiden haben es Lek erzählt, die gerade beim Nachbarn von Tricia und Bob den Garten gewässert hat. Daraufhin ist Lek mit ihrem Moped zum Markt getuckert, hat die Frau vom Franzosen getroffen, die wiederum wenig später zu Muh gefahren ist, um ihr von der Farang-Familie zu berichten. So läuft das hier. Intakte Nachbarschaft.

Knochenflüsterin

Um drei kommt Mai, um uns zu massieren. Eine traditionelle Thai-Massage soll es sein. Aber vorher machen wir noch schnell das Auto klar. Eine halbe Stunde Surfen und zwei Telefonate später ist alles geregelt. Morgen wird ein kleiner Mini-Flitzer von der Firma Thai-Rent-a-Car geliefert, der uns in den nächsten Wochen um die Insel kutschieren darf.

Pünktlich knattert Mai in ihren roten Flip-Flops in unsere Einfahrt. Ich lege mich auf der Terrasse auf die umfunktionierte Pool-Liegen-Auflage, während Torsten meinen Platz als Vorlese-Master einnimmt. Mais Hände sind kalt und stahlhart, aber das macht nichts, denn bei der Thai-Massage kommt es vor allem auf Technik an, ganz anders als bei der westlichen Massage. Die Übersetzung der thailändischen Bezeichnung für die Massagetechnik lautet „uralte heilsame Berührung“. Sie besteht aus dem Yoga entnommenen Streckpositionen und Dehnbewegungen, Gelenkmobilisationen und Druckpunktmassagen. Dabei arbeiten die Massierenden mit vollem Körpereinsatz. Mit Handballen, Daumen, Knien, Ellenbogen und

Füßen werden die nach ayurvedischer Lehre den Körper durchziehenden Energielinien sanft gedehnt und mit rhythmischen Druck bearbeitet. Gleichzeitig werden tiefe Atmung und Energiefluss angeregt, Verspannungen beseitigt, Durchblutung und Stoffwechsel gefördert sowie Stresshormone im Blut abgebaut. In Thailand ist die Thai-Massage selbstverständlicher Teil des Alltags. Sie wird im familiären Umfeld, zur Gesundheitsvorsorge und sogar im Krankenhaus praktiziert.
Ich lege mich zuerst auf den Bauch, bevor Mai damit beginnt, meine Fußsohlen abwechselnd zu drücken, in alle Richtungen zu strecken und meine Achillessehne zu bearbeiten. Dann kommen Unterschenkel, Kniekehlen und Oberschenkel dran. Es fühlt sich gut an, auch wenn oder gerade weil sie ordentlich zulangt. Hat sich eigentlich schon jemand zuvor derart hingebungsvoll mit meinen Kniekehlen beschäftigt? Auch mein Hintern wird mit derselben Inbrunst gedrückt und massiert, nachdem sie meine Beine spreizt, sich dazwischen gesetzt und die Bikini-Hose in meine Po-Ritze geschoben hat. Ich glaube, Mai hat jahrelang, ach was, ihr Leben lang studiert. Sie findet mit jedem Griff sofort jeden einzelnen Muskelstrang meines Körpers, um ihn so lange zu bearbeiten, bis er unter meiner Haut aufstöhnt. Zumindest tue ich das für ihn, aber ganz heimlich. Nach dem hinteren Unterkörper folgt die obere Hälfte. Mai klettert auf Knien meinen Rücken hoch, dass die Wirbel knacken. „Oooh. Oooh. Oooh." singt sie dazu in glockenheller Tonlage. Nach einer Weile habe ich das Gefühl, über meinen Rücken ist Bob der Baumeister mit seinem Team gewalzt. Ich darf mich umdrehen, und Mai positioniert sich erneut zwischen meine Beine. Sie zieht meine Zehen, bis sie knacken, stellt sich auf meine Oberschenkel und drückt und knetet kräftig und kräftiger. Grausam! Nein, angenehm! Zumindest dann, wenn der Schmerz nachlässt. Mein Bauch ist an der Reihe. Nach dem Einölen bohrt sie ihren Zeigefinder in meine Eingeweide. Merkt sie denn nicht, dass ich überhaupt keine Bauchmuskeln habe? Mai kommuniziert bestimmt direkt mit meinen Organen. Weiter geht es mit meinem Dekolleté, meinen Armen und Händen, meinem Unterkiefer und meinem Kopf, den sie hin und her biegt, als wolle sie ihn abschrauben. Sie steckt mir die Finger in die Ohren, natürlich drückend und massierend, und zieht mir an den Haaren. Als sie mich bittet, mich aufzusetzen, muss ich dreimal nachfragen, weil ich gerade in einem anderen Universum weile. Im Sitzen kommt dann das große Finale. Sie verhakt sich in meine Arme, wirbelt meinen Oberkörper wie eine Gummipuppe nach links, nach rechts, drückt mich vorne über, bis sie auf mir sitzt, und stemmt sich von hinten in meinen Rücken, so dass ich über ihre Knie nach hinten abrolle. Und dabei knackt gar nichts mehr. „Finis" flüstert sie, aber ich will so ganz und gar nicht aufstehen.

Der abendliche Rückweg vom Jun Hom Restaurant am Bang Por Beach wird wahrscheinlich noch lange in Carls Erinnerung bleiben. Ich hätte wirklich schwören können, dass die Straße, die von der Ringstraße zu unserem Haus führt, beleuchtet ist. Wir gehen eine dustere (und damit meine ich so stockduster, dass wir unsere Hände vor unseren Augen nicht sehen können, geschweige denn unsere Füße) Straße durch einen dichten Palmenwald entlang, während wir allerlei Geräusche hören, die uns vorher gar nicht aufgefallen sind. Es ist eine nächtliche Musik von Grillen, Zikaden und raschelndem Unterholz, die in dieser dunklen Dunkelheit laut, vor allem angsteinflößend ist. Hört mal! In der Ferne bellen wilde Hunde, und sie scheinen näher zu kommen! Johann liegt im Kinderwagen, vermutlich ist er schon eingeschlafen, als Carl, an meine Hand geklammert, leise wimmert. Ich kann ihn mit dem Anblick des ein oder anderen Glühwürmchen ablenken, bis wir kurz vor unserem Ziel die erste schwache Straßenlampe erreichen. Die Hunde hören wir nicht mehr, und ich bin froh, dass niemand mein angespanntes Gesicht im nächtlichen Tropenwald gesehen hat.

Immer schön langsam: auch dieses Straßenschild fordert auf, lieber einen Gang runter zu schalten.

Mittlerweile bin ich dankbar für die verlangsamte Gangart. Lieber würde ich die Umgebung entdecken, habe aber verstanden, dass ich dafür Kraftreserven benötige, die sich zunächst langsam auffüllen müssen. Jetzt heißt es, erstmal anzukommen. Mir geht es wieder gut. Daumen drücken, dass ich schlafen darf.

Locker bleiben

Mai hat einen Helm mitgebracht. Gekonnt schwinge ich mich hinter sie, dabei versuche ich mir nicht anmerken zu lassen, dass ich zwar als Teenager Mofa gefahren bin, aber keine ernsthafte Zweiraderfahrung habe. Auf der Fahrt zum „Maenam Morning Market" weht mir angenehm kühle Luft um die Nase. Es ist halb sieben, und auf der Ringstraße ist mehr los als erwartet. Feste und mobile Garküchen brutzeln und kochen um die Wette. Alle paar Meter steigt Dampf vom Straßenrand auf, es riecht nach Fleisch, Gemüse und Gewürzen. Mopedfahrer, viele davon schick angezogen, halten an, um zu frühstücken, während drei Mountainbiker die kühle Temperatur ausnutzen und über die Schlaglöcher der Ringstraße hüpfen. Für eine Gruppe buddhistischer Mönche, die in ihren safrangelben Gewändern kleine Schüsseln in der Hand tragen, ist es Zeit für den morgendlichen Opfergang.

Mai scheint halb Maenam zu kennen. Pausenlos hupt sie Menschen am Straßenrand oder auf anderen Mopeds an, grüßt, ruft etwas über die Straße zu jemanden, der dann lautstark etwas erwidert bis beide lachen, und wird ihrerseits angehupt. Ich stelle mir das ungefähr so vor:
„Hey, Mai, deine blasse Farang sitzt aber ziemlich verkrampft hinter dir!"
„Hey, heute mit Helm? Warum denn nur?"
„Mit der dicken Langnase zum Markt? Na dann viel Spaß!"
Vielleicht reden sie aber auch nur über das Wetter oder die frischesten Fische. Wer weiß.

An der offenen, mit Wellblech überdachten Markthalle parken wir neben Hundert weiteren Mopeds, bevor wir die in Reih und Glied angeordneten, gefliesten Theken inspizieren. Die meisten sind U-förmig, ausgestattet mit eingebauten Wasserhähnen. Der Markt ist um diese Uhrzeit gut besucht, viele Besucher drängen sich durch die Gassen, um Obst, Gemüse, Fisch, Fleisch, Gewürze, fertig zubereitetes Essen und vieles mehr zu erwerben.

Zielgerichtet steuert Mai einen Gemüsestand an. Die Auswahl scheint ihr ziemlich schwer zu fallen, denn sie drückt, knetet, quetscht, klammert, riecht und wiegt das angebotene Gemüse ausgiebig in ihrer Hand, um sich dann für etwas anderes zu entscheiden. Die anderen Marktbesucher tun es ihr nach. Da die Verkäuferin gerade anderweitig beschäftigt ist, geht Mai selbst hinter die Theke, wiegt ab und holt sich ihr Wechselgeld aus der Kasse. In der Plastiktüte, die ich tragen darf, befinden sich nun einzelne Zehen Mini-Knoblauch, Limetten, Karotten, Zwiebeln, Tomaten, Champignons, Mu-Err-Pilze, Frühlingszwiebeln, Galgant, Baby-Maiskolben, drei grüne Mangos, Brokkoli und Koriander.
Ich folge ihr durch das Menschengewirr zu einem Fleischstand. Auf dem Tisch liegen unterschiedlich große Fleischstückchen, mal knochenlos, mal mit ganzem

Rippenbogen, umschwirrt von zahlreichen Fliegen. Die Verkäuferin ist gerade dabei, ein Schweinebein zu zerhacken, während sie mit Mai plaudert. Im nächsten Moment sehe ich ihren kleinen Finger auf dem Tresen liegen. Nein, nur in meiner Fantasie.
Nun noch zum Fisch-Stand. Genau wie das Fleisch liegt es ungekühlt auf dem nackten Fliesentisch, daneben ein großer Plastikbottich, in dem schwarze Welse und Aale schwimmen. Wahrscheinlich sieht Mai mein Gesicht, denn obgleich eher wortkarg, erklärt sie: „Fish fresh. Very good. You come six, you come seven, fresh. You come ten, no fresh. Better early." Locker bleiben, rede ich mir ein, wir sind schließlich früh dran. Dann steckt sie ihre Hand in eine Plastikschüssel, um fünf rohe Garnelen herauszufischen. Sie werden abgewogen und landen in der Plastiktüte. Während ich damit beschäftigt bin, die Plastiktüte so in meinen Rucksack zu legen, dass die Tiere nicht aus der Tüte flutschen können, spült Mai ihre Garnelenhand am Wasserhahn ab. Beim Blick auf die weiteren Auslagen der Marktverkäufer denke ich an die Tropenregel Nummer Eins in Sachen Nahrungsaufnahme: Cook it, peel it or leave it! Jawoll, daran werde ich mich auch zukünftig halten.

Pilze, Chili-Schoten, Bambus-Sprossen

In Mais Schlepptau geht es weiter durch die zweite Markthalle, in der Küchenutensilien, Körbe, Kleidung und die größte Auswahl an Flip-Flops, die ich je gesehen habe, verkauft werden. Sie steuert auf eine Eck-Theke zu, an der eine Traube Menschen steht, schiebt mir ein Plastik-Trittchen entgegen. Hinter der

Theke ist ein Paar mit der Herstellung von Heißgetränken beschäftigt. Fröhlich plappern die beiden mit Mai drauflos, nachdem mich die Verkäuferin ausgiebig gemustert hat. Wie gebannt beobachte ich den zugehörigen Mann. Vor ihm stehen zehn leere Dosen einer Tomaten-Fertigsuppe, mit deren Hilfe er einen vermutlich leckeren Kaffee zaubert. Dose her, Zucker hinein, Milch dazu, anschließend eine Kelle heißes Wasser aus einem Wassertrog durch ein langes Kaffesieb gezogen. Anstatt umzurühren, kippt er die Mischung aus einem halben Meter Entfernung in die nächste Tomatensuppendose, voilá. Natürlich wird nicht aus den Dosen getrunken. Die an der Theke sitzenden Kunden bekommen Gläser, der Coffee-to-go hingegen landet in durchsichtigen, mit Gummibändern zugeknoteten Plastiktüten.

Fischstand auf dem Maenam Morning Market

Diese Schritte führt er mit derart graziösen und fließenden Bewegungen aus, dass es bestimmt nicht mehr lange dauert, bis ich hypnotisiert zur Kaffeetrinkerin mutiere. Ich deute auf eine Getränketüte mit neonrotem Inhalt, die gerade trinkfertig mit Strohhalm an eine Oma verkauft wird. Mai schildert: „This sugar. When body needs sugar.“ Energydrink für die Ältesten. Neben uns an der Theke sitzt Mais Freundin mit einem mindestens 100 Jahre alten Schweizer, der mich abwesend anlächelt, während die Frauen schnattern. Er lebe schon lange hier, sagt Mai nach einer Weile. Auch sie habe einen Farang-Mann gehabt. Acht Jahre waren sie zusammen, bevor er vor drei Jahren gestorben sei. „Very alt, you know.“ Deutscher sei er gewesen.

In der Zwischenzeit hat uns die Verkäuferin zwei schwarze Tees mit Milch und viel Zucker sowie zwei Bananenblätter-Kugeln gebracht, die Mai sogleich entblättert, bevor sie sie vor mich schiebt. Es ist Klebreis mit Kokosnusscreme. Pappsüß, leider wahnsinnig lecker! Ich soll sie allein essen, deutet sie mir an, denn sie werde zu dick davon. Mai hat mit ihrer Freundin noch viel zu besprechen, so dass ich dem Barista noch eine Weile zusehen kann. Am schwungvollsten geht die Reinigung der gebrauchten Gläser: heißes Wasser einfüllen, in der Hand locker herumwirbeln, in ein anderes gebrauchtes Glas schütten, wieder herumwirbeln, zurück in das Ursprungsglas, und dann den Inhalt mit voller Wucht und geübtem Schwung in die hintere Ecke der Theke schütten, gleich neben die Tee trinkende und glotzende Farang. Mittlerweile ist es acht Uhr und der Markt ist nahezu menschenleer.

Bei meiner Rückkehr wird ein weißer Honda Brio geliefert. Es ist eine schicke, kleine Knutschkugel mit 17 Tausend gelaufenen Kilometern. Oder in Autosprache ausgedrückt: es ist ein Automatik-Fließheck-Fünftürer der unteren Kompaktklasse, ein 2011 in Thailand und Indien eingeführtes Mini-Auto.
Schnell die Miet-Formalitäten erledigen, dann kann es losgehen. Der Mietwagen ist nagelneu, prima gefedert und hat eine effektive Klimaanlage.

Als Mai am Abend, wieder ohne Helm und mit ihren roten Flip-Flops, zu uns kommt, ist Carl mit einem Plastik-Flughafen beschäftigt. Dies ist der Ersatz für das Plastik-Boot, für dessen Untergang der kleine Bruder verantwortlich ist. Er läuft ihr entgegen, um voller Stolz das Flugzeug der – so steht es auf dem Spielzeug – Airline Air zu zeigen, da fragt sie, trocken und natürlich lächelnd: „This your car?“
„Yes.“
„No Luft!“
Wie bitte? Nein, das kann nicht sein. Da haben wir sie bestimmt nicht richtig verstanden. Ungläubig gehen wir aus dem Haus und schauen in die Einfahrt. Tatsächlich – da steht das Mini-Auto auf einem platten Reifen. Ist das bei unserer ersten kurzen Fahrt zum Supermarkt passiert? Dabei hat der Brio doch jedes Schlagloch mühelos genommen, hat uns behutsam über Samuis Straßen geschaukelt. Und was jetzt? Das haben wir nun davon, dass keiner von uns Reifen wechseln kann.

Mai hat ihre Tochter mitgebracht. Fee sei 16 Jahre alt, zugegeben, ich hätte sie auf höchstens zehn geschätzt. Auch sie ist nicht besonders gesprächig und sieht ihrer Mutter mit ihren buschigen Augenbrauen und riesigen Zähnen sehr ähnlich. Schüchtern folgt sie Mai in die Küche, wo beide sofort anfangen zu wirbeln. In Windeseile schnippeln sie das Gemüse klitzeklein, entfernen Garnelendärme und zerkleinern das Hühnerfleisch, das wir vor ein paar Stunden auf dem Markt gekauft haben. Ohne die Zutaten zu waschen, alles mit demselben Messer. Locker bleiben, wird doch noch gebraten. Ich darf zusehen, aber nicht mitmachen, weil ich ihnen zu langsam bin. Nebenbei wird Reis im mitgebrachten Reiskocher zubereitet. Mai erläutert, dass sie für die meisten gebratenen Gerichte drei Grundzutaten benutzt: eine Mischung aus dünn- und dickflüssiger Sojasauce, Austernsauce und Knorr-Würze. Nur die Zusammensetzung variiere. Das klein geschnittene Gemüse wird nicht gekocht, sondern bleibt nach dem kurzen Angaren in der Pfanne bissfest, dadurch vitaminreich. Nach 30 kurzen Minuten sind ein Berg gebratener Reis mit Gemüse, gebratenes Gemüse mit Austernsauce, ein Topf Tom Kah Gai, Hühnchenstreifen und Omelett zubereitet. Mir ist ganz schwindlig von der Herstellungsgeschwindigkeit, abgewaschen haben die beiden auch schon nebenbei.

Gemeinsam essen wir. Leider ist es viel zu viel geworden, und ich habe viel zu viel gegessen. Das ist also die Leichtigkeit des Thai Foods: frische Zutaten, eine Zubereitung mit viel Gefühl und wenig Regeln. Locker bleiben. Und natürlich nicht zu viel essen. Ich nehme mir fest vor, den thailändischen Speise-Purismus in meiner heimischen Küche umzusetzen.

Als ich am Abend auf dem Sofa sitze, krabbelt eine kleine, braune Kakerlake meinen Unterschenkel hinauf. Ich schnippe sie lautlos weg, staune dabei über mich selbst. Aber an diesem Tag kann mich nicht mehr so viel schocken. Ich bin ganz locker.

Farang time, not Thai time

Am Morgen hat sich Thai-Rent-a-Car zum Reifenwechseln angekündigt. Torsten zuckt mit den Schultern: „Ab 8:30 Uhr. Wir sollten uns darauf einstellen, dass wir den ganzen Tag warten werden.“ Als wir Carl ankündigen, dass der geplante Ausflug mit großer Wahrscheinlichkeit nicht stattfinden wird, fährt ein weißer Kleinwagen vor. Es ist 8:35 Uhr.

Meine Erfahrungen mit der thailändischen Pünktlichkeit sind gespalten. Manchmal bedeutet „pünktlich zu sein“, dass man erscheint, wenn alle anderen Dinge erledigt sind. Das kann durchaus mehr als eine Stunde über die vereinbarte Zeit hinaus bedeuten. Das heißt aber keineswegs, dass Thais nicht pünktlich sein können. Wenn es wichtig genug ist, dann klappt es. Dazu kommt, dass die traditionelle Zeitangabe in Thai sich grundlegend von unseren Zeiteinteilungen unterscheidet. Der Tag ist in vier Zeitzonen eingeteilt, deren Stunden getrennt gezählt werden. Eine Verabredung für „morgen früh um fünf Uhr“ kann auch als „fünfte Stunde am Morgen“ verstanden werden: ha mong chao allerdings entspricht elf Uhr vormittags, weil sieben Uhr die erste Stunde des Morgens ist. Glücklicherweise wird die Zeit offiziell im 24-Stunden-System angegeben. Dennoch, so lautet Leks Tipp: um Missverständnisse zu vermeiden, sollten wir auf eine erforderliche Pünktlichkeit mit dem Zusatz „Farang time, not Thai time“ hinweisen.

Die Mietwagen-Mitarbeiter wechseln den Reifen schneller als ich gucken kann. Einer davon hat die Statur eines Sumo-Ringers, und einen Moment lang bin ich davon überzeugt, dass sie keinen Wagenheber brauchen werden. Noch Brio gegen Brio getauscht, dann fahren sie davon, und die nächsten Schlaglöcher warten auf uns.

Nach fünfzehnminütiger Fahrt mit dem neuen Brio erreichen wir den Wat Phra Yai, Heimat des Wahrzeichens von Koh Samui, dem Big Buddha. Die zwölf Meter hohe, vergoldete Statue thront an der nordöstlichsten Spitze auf der kleinen vorgelagerten Insel Koh Fan. Sie wird von den Piloten bei Landeanflügen als Landemarke benutzt, so dass sie neben der Aussicht auf die Strände und Buchten für viele Passagiere der erste Blickfang der Insel ist. Seit 1972 sitzt der Buddha schon dort oben, er gehört zu den meistbesuchten Ausflugszielen der Insel.

Beschriftete Dachziegel – 50 Baht für gute Wünsche

Genau das bemerken wir als erstes. Nicht, dass sich hier Menschenmassen tummeln, nein, heute ist es eher beschaulich. Rund um den Tempel, der über einen kleinen Damm mit Schotterpiste zugänglich ist, haben sich massenhaft Shops mit Strandkleidung und Nippes angesiedelt. Daneben Restaurants, Cafes, ein Shampoo Shop, ein Fish Spa, ein Müll-Künstler sowie ein Wahrsager, der für 500 Baht (12,50 Euro) aus der Hand liest, nebenbei Getränke und Eis verkauft. Mindestens zehn mobile Garküchen warten auf den großen Ansturm.

Hier herrscht unaufgeregt-unspektakuläres Tempeltreiben. In einem offenen Gebäude führt ein Mönch eine Segnungszeremonie für vor ihm kniende Gläubige durch, in einem anderen bewundern wir die Details von acht Buddha-Statuen, jede mit anderer Haltung. In der thailändischen Tradition sind die unterschiedlichen Haltungen den Wochentagen zugeordnet, stehen also für Sonntag, Montag, Dienstag, Mittwoch Morgen, Mittwoch Abend, Donnerstag, Freitag und Samstag. Es wurde angenommen, dass bestimmte Ereignisse im Leben Buddhas an verschiedenen Tagen der Woche stattfanden. Zusätzlich wurde von den Astrologen bestimmte Planeten jeweils einer Buddha-Statue zugewiesen, so dass sich eine Person, die unter dem Einfluss eines Planeten geboren wurde, die zugehörige Statue zur Verehrung aussucht. Legt man in die Almosenschale vor „seiner" Buddhastatue etwas Geld, oder begießt man das vor ihr brennende Feuer mit Öl, so bringt es Glück und Verdienst.

Gegrillte Maiskolben am Maenam Beach

Jeder mit einem Holzknüppel in der Hand, umrunden wir den Big Buddha, währenddessen läuten wir die rundherum platzierten Tempelglocken. Das Glockengeräusch soll böse Geister verscheuchen und bringt natürlich eine Menge good luck, good luck, good luck. Neben den unterschiedlichen Tönen der Tempelglocken hören wir das vertraute Hämmern und Bohren einer ... natürlich: Tempelbaustelle. Zum ersten Mal auf unserer Reise nutzen wir die Gelegenheit, gegen eine kleine Spende, einen Dachziegel mit unseren Namen und Wünschen zu beschreiben. Dies bringe sehr viel good luck, erklärt einer der Mönche, gleichzeitig könne sich der Tempel seine Erweiterung finanzieren.

Weiter geht es zum, im Norden der Insel gelegenen, Maenam Beach, der mit seinem goldgelben Sand sofort überzeugt. Er ist zwar nicht so fein wie an den Stränden der Ostküste, die beschauliche, ruhige, fast paradiesische Umgebung macht es jedoch wieder wett. Das Meer glitzert mit dem Blau des Himmels um die Wette, während sich die Palmen leicht im Wind bewegen. Die vier Kilometer lange Bucht wirkt nicht groß, da sie immer wieder von ins Meer ragenden Sandbänken unterbrochen wird, so dass man an vielen Stellen nur einen kleinen Abschnitt des Strands sehen kann. Es ist natürlich mehr los als am einsamen Bang Por Beach, aber im Vergleich zu Chaweng und Bophut ist es überschaubar.

Im Schatten einer Palme frönen wir dem vollkommenen Augenblick, zusammen mit im Sand spielendem Carl und im Tragesitz schlafendem Johann. Als ein mobiler Obstverkäufer und Maisgriller vorbeikommt, wird es noch vollkommener. Mit frisch gegrilltem Maiskolben in der Hand schauen wir in die Ferne, jenem Gemüse, das wir noch am Abend aus unseren Zähnen kratzen.

Kulinarische Grenzerfahrung

Auf Online-Bewertungsportalen wird ein Restaurant am Big Buddha Beach empfohlen, und wir trotten brav dorthin. Als wir am Shambala Restaurant ankommen, werden gerade Tische und Stühle zusammengeräumt, da der nächste Tropenschauer nicht lange auf sich warten lässt. Nur wenige Meter von der Ringstraße entfernt, essen wir Panaeng Nüa (gebratenes Rindfleisch mit Panaeng-Curry, Erdnüssen, Zitronenblättern und Kokosmilch), Gai Kaprau (gebratenes Hühnerfleisch mit scharfem Basilikum, Chili, Knoblauch, Zwiebeln und Bambus) sowie Rad Nah Nüa (gebratene feine Reisnudeln mit Rindfleisch, Brokkoli und gelber Bohnen-Paste), unterdessen regnet es tropische Bindfäden.

Was tut man an einem verregneten Tag? Klar: Shopping! Dummerweise ist heute Sonntag, zahlreiche Läden sind geschlossen. Macht nichts, wir fahren zum Big C. Dies ist neben dem Tesco Lotus der zweite große Supermarkt (oder wie er sich selbst nennt: SuperCenter) auf der nördlichen Inselseite. Ein Großeinkauf ist nicht notwendig, aber Klopapier duldet nun einmal keinen Aufschub. Nach kurzer Zeit in der eiskalten, unsortierten Einkaufshalle sind wir völlig entnervt von der lauten Beschallung durch das „Big C Rad-I-Ooo in Big C Su-Pä-Cen-Taaa“. Lange, zu lange wird es in unseren Köpfen bleiben. Zum Aufwärmen gehen wir in den Food Court des Big C Su-Pä-Cen-Taaa‘s. Auch hier ist nichts los, nur vereinzelte Tische sind von fröstelnden Farangs besetzt. Unsere Entscheidung fällt auf einen Kaffeestand, dessen Logo an Starbucks erinnert. Während die freundliche Kellnerin mit Zahnspange einen Granatapfel-Juice für Carl und zwei Jasmine Green Teas zubereitet, setzen wir uns. Johann ist beim Einkaufen eingeschlafen und schlummert friedlich vor meinem Bauch im Tragesitz. Wie er das macht, ist mir ein Rätsel. Hier ist es so dermaßen laut, dass wir uns anschreien und trotzdem nicht verstehen. Nicht nur das „Big C Rad-I-Ooo in Big C Su-Pä-Cen-Taaa" dröhnt durch die Luft, hinzu gesellen sich eine thailändische Sängerin sowie eine Menge Puffs, Klongs und Waus der Kinder-Automatenstraße im benachbarten Spielbereich.

Frittiertes, einzigartig im Geschmack, aber garantiert keine Grenzerfahrung

Da kommt die junge Dame mit drei Strohhalmen in Plastikbechern. „Oh", stellt Torsten fest, „with ice".
„Ahh. Don't want ice? Hot tea? Sorry." sagt sie und nimmt die grünen Becher mit eindeutigem Schimpf-Lächeln wieder mit. Carl liebt sein neonrotes Getränk und macht uns mit lautem „Mmmmhhh, lecker" ganz neidisch. Torstens Probeschluck lässt ihn heftig schütteln. Mit verzogenem Gesicht ist er sich sicher, dass er noch nie in seinem Leben etwas Süßeres getrunken habe. Unbeeindruckt mit den Schultern zuckend, trinkt Carl es in einem Zug aus. Irgendwann kommen auch unsere Getränke. Ein Mann bringt zwei halbvolle Tassen mit unserem heißersehnten und hoffentlich heißen Tee. Aber was ist das? In den Tassen schwimmt eine maigrüne Flüssigkeit, die jeglichen Blick auf den Boden versperrt. Ich wollte mal unser Schlafzimmer in genau dieser Farbe streichen, zumindest eine

Wand, quasi als Farbtupfer. Scheinbar ist dies ein sehr farbintensiver, grüner Tee, angereichert mit, da bin ich mir sicher, grüner Milch. Nachdem Torsten probiert hat, weiß er genau: „Das wirst du nicht trinken." Ach, was der wieder hat. So schlecht kann doch Tee nicht schmecken. Skeptisch bin ich allerdings doch, als ich meine Tasse zum Mund führe. Dann fangen meine Geschmacksknospen an zu schreien. So muss der Chao Praya schmecken, der durch Bangkok fließt! Wir prusten los. Wir sind – kulinarisch gesehen – bislang selten an unsere Grenzen gekommen. Und dabei sitzen wir nicht gerade im Dschungel, haben Ameiseneiersuppe (gibt es das? Muss ich gleich mal googeln) vor uns, sondern wir sitzen im Supermarkt vor einer Starbucks-Kopie. Tapfer hält Torsten die Luft an, bevor er das grüne Wasser austrinkt. Ich setze auch an, denn ich will ihm schließlich genauso imponieren. Schlucken. Schlucken. Schlucken. Der letzte Zug. Schütteln. Hoffentlich schaut uns keiner zu. Schnell holen wir einen Schokoriegel aus dem Einkaufswagen und beißen beherzt hinein. Bloß einen anderen Geschmack im Mund haben. Den ganzen Weg nach Hause müssen wir grün aufstoßen. Und jeder Rülps erinnert uns an die soeben vollbrachte Leistung. Dabei habe ich vorab gedacht, dass mich frittierte Kakerlaken, Würmer oder Frösche geschmacklich schocken werden, und nicht ein weltweit beliebtes Aufguss-Getränk.

Der Popel

Das Ziel: Wat Plai Laem, ein thailändisch-chinesischer Tempel. Auf dem 2004 fertig gestellten Tempelgelände geht es beschaulich zu. Eine Handvoll Mönche und wenige Besucher, die meisten zugehörig zur chinesischen Minderheit Koh Samuis, verteilen sich auf dem großen Areal, das aus mehreren farbenprächtigen Gebäuden und einem künstlichen See besteht. Begeistert von der ruhigen Stimmung betrachten wir die 18-armige Guanyin-Statue, zählen mehrmals nach, ob es auch wirklich 18 Arme sind und füttern die im See schwimmenden Welse.
Guanyin ist die chinesische Göttin der Barmherzigkeit, aber auch in Thailand wird sie als Beschützerin der Frauen und Kinder sowie der Armen und Kranken verehrt. Damit sie vielen Menschen gleichzeitig helfen kann, hat sie so viele Arme. Nebenan, ebenfalls im See, steht eine 30 Meter hohe Statue des dicken, lachenden, chinesischen Buddhas („Lucky Buddha"), ein Symbol für Fülle und Wohlstand.
Nicht nur im Ubosot (auch „Bot" genannt), im Zeremonien-Gebäude eines buddhistischen Tempels, befinden sich weitere goldene Statuen, geschnitzte Türen aus Teakholz und bunte Wandgemälde mit Geschichten aus der buddhistischen Mythologie. Auch hier gilt natürlich das Tragen angemessener Kleidung (bedeckte Schultern, keine zu kurzen Hosen oder Strandbekleidung) und Ausziehen der Schuhe.

Shose oder shoes? Egal, Hauptsache: Schuhe aus!

Ich verstehe nicht, dass der Big Buddha gehypt wird, während man diesen schönen Tempel kaum kennt. Doch, jetzt verstehe ich es. Jetzt, da ich folgende Einschätzung auf einem Bewertungsportal gelesen habe: „Achtung! Der Tempel ist nicht touristenfreundlich, da es hier keine attraktiven Geschäfte gibt.“ Siehste, deshalb.

In Choeng Mon, einem verschlafenen Stranddorf im Nordwesten der Insel, geht es beschaulich zu, hier ist es übersichtlich und ursprünglich. Die Nebensaison scheint die Bürgersteige hochzuklappen, nur jedes dritte Geschäft beziehungsweise Restaurant an der Straße ist geöffnet. Daher setzen wir die Nahrungssuche am Strand fort. Der Choeng Mon Beach ist eine überschaubare Bucht mit breitem Strand, weißem, feinem Sand und herrlich kristallklarem Wasser. Leider stehen die Liegen, zur Hälfte besetzt mit dicken, in der prallen Sonne brutzelnden Bäuchen, in Reih und Glied, während Speedboote und Jetskis auf und ab fahren.
Als wir nach dem Essen, in Qualität und Quantität dem Publikum angepasst, bezahlen wollen, müssen wir eine kleine Weile warten, da der Kellner gerade damit beschäftigt ist, einen Popel aus seiner Nase zu bohren. Er muss ganz schön weit drinnen stecken, der Popel, denn es dauert lange, bis er ihn erwischt. Den Finger bis zum Anschlag in seiner Nase, dreht er rechts, dreht er links und guckt erst auf, als sein Fang zwischen Daumen und Zeigefinger verstohlen verschwindet. Dann wird gedrückt, gerollt und die Konsistenz getestet, während er mit der

anderen Hand den Tisch abräumt. Nein, dies ist nicht unsere erste Begegnung mit der Popelei. Diese Form von Stressabbau scheint in Thailand nicht als anstößig empfunden zu werden. Ob in der Bank, im Taxi oder Bus, an jedem erdenklichen Ort wird unbetrübt gepopelt.

Guanyin-Statue im Wat Plai Laem

Es gibt einen Virus unter Touristikern, insbesondere unter denen, die sich beruflich mit Hotels beschäftigen, der bewirkt, dass die infizierten Personen in jeder sich bietenden Situation besondere Unterkünfte begutachten müssen. Dieser Virus schlägt heute zu. Den Anfang macht die Thongsai Bai. Auch diese Bucht ist hier, im nordwestlichsten Zipfel der Insel, so klein, dass sie von nur einem Hotel eingenommen wird, ein vor 25 Jahren eröffnetes Fünf-Sterne-Exemplar. Es ist eines von über 450 Hotels auf der Insel, die an die 18 Tausend Zimmer bereithalten, und täglich scheinen es mehr zu werden. Wir lassen uns ein Zimmer zeigen unter dem Vorwand, wir suchten eine Bleibe für den nächsten Urlaub. Diese Tarnung mag seltsam anmuten, aber das letzte, was wir heute wollen, sind Business-Gespräche. Eine freundliche Guest Relations Managerin bringt uns mit dem Golfcart von der höher gelegenen Rezeption an Strand und Pool. Als wir durch die sonnenbadenden, Romane-lesenden und leise im Pool schwimmenden Menschen aus aller Welt hindurch gehen, treffen mich ihre Blicke wie böse Pfeile. Zwei Kinder?, lese ich in ihren Augen, und dann noch so klein? Bitte lass die hier nicht einziehen, es war gerade so wundervoll hier! Ich möchte sie beruhigen, aber muss auf meine Tarnung achten. Das Thongsai Bay Hotel ist eine ausgezeichnete Anlage ab zwölf Tausend Baht (300 Euro) pro Nacht. Ausgezeichnet, wenn man ohne Kinder reist.

Die nächste Bucht heißt Thongson Bay, das dazugehörige Hotel Melati Beach. Bevor der in einem seltsamen Kostüm gekleidete Schrankenwärter, er hat große Ähnlichkeit mit dem Rattenfänger von Hameln, aus seinem Häuschen kommt, nehmen wir die Abzweigung zu den Thongson Bungalows. Die Straße wird schnell zur Sandpiste, an der Familien in ihren Holzhäusern wohnen, davor Songthaews, Taxen und eine Menge wilder Hunde. Am Strand angekommen, müssen wir erst warten, bis ein Hahn Platz macht, bevor wir unter einem Baum parken können. Die Bungalows sind ruhig gelegen und in ihrem heruntergerockten Zustand ideal für Menschen ohne Anspruch an ihren Schlafplatz.
Wir kehren ein in ein von Kokospalmen umsäumtes Beach-Restaurant, das einen romantischen Ausblick auf die kleine Bucht gewährt. Eingerahmt von Felsen und Hügeln weht hier eine steife Brise, die zum entspannten Durchatmen einlädt. Nach dem Genuss von frisch gepressten Mangosäften fragt der Inhaber mit mitleidigem Blick: „This boy and this boy?"
„Yes. Two boys."
Plötzlich wird er laut: „Ooh. I have two boy. Arggghhh, Finis. Two boy enough. Arghhh. One boy an one girl ok. But two boy, nonono. Two boy, two monkeys."
Wir lachen zusammen, dankbar für die Erkenntnis, dass thailändische und deutsche Brüder ihre Eltern gleichermaßen unkalkulierbar erheitern.

Sabai-Sabai

Same procedure as every night. Johann wacht auf, brüllt, motzt und quiekt, so laut er kann. Dabei beißt er in die Bettpfosten, schmeißt sich gegen das Seitennetz, hüpft auf und ab, bis sein Bett mithüpft. Und da passiert es:
mein Sohn legt sich hin, findet seinen Schnuller und ... schläft ... und schläft ... und schläft ... sechs (noch einmal: s-e-c-h-s) Stunden am Stück. Und auch ich schlafe sechs Stunden am Stück. Als ich meine Augen öffne, steht Johann fröhlich winkend in seinem Bett. Was für eine Baby-Romantik! Ich bin wach! Es fühlt sich an, als hätte Willy Brandt den Knopf fürs Farbfernsehen gedrückt. Der Tag kann kommen!

Lek scheint meine fröhliche Stimmung zu spüren. Denn, so entscheidet sie, heute bin ich bereit. Bereit, um mich an die thailändische Lebensphilosophie heranzuführen. Gemeinsam sitzen wir im schattigen Garten. Sie hat ihre Schwester Um mitgebracht, die kein Wort Englisch spricht, und auch Muh kommt dazu. Die Frauen schnattern und lachen in einer Tour. Auch wenn ich kaum ein Wort verstehe, so kann ich gar nicht anders, als fröhlich mitzulachen. In English-Thai-Pidgin erhalte ich folgende Lektion:

Der Thai-way-of-life besteht aus dem täglichen Bemühen, das Leben im Hier und Jetzt zu genießen (dabei lachen die Frauen beherzt). Neben „mai pen rai" („das macht nichts"), der Bedeutung des Lächelns (wieder kichern sie um die Wette) sind vor allem die Vokabeln sabai, sanuk und suay wichtig.

Sabai entspricht unserem „gemütlich", „wohlig", „angenehm" oder „bequem". Das ganze Leben sollte sabai sein. Häufig wird es zu sabai-sabai verdoppelt, was noch einen draufsetzt.

Das Wort suay bedeutet „schön". Die Thais sind Ästheten, die den Wert von Objekten und Menschen zu einem immensen Teil an deren Äußeren messen. Frauen tragen ihre Schminke als subtile Kunstwerke, und in Kaufhäusern wird der kleinste Gegenstand in mehreren Tüten verpackt, damit er hübsch aussieht. Gegenstände des täglichen Gebrauchs werden zunächst einmal darauf überprüft, ob sie suay sind, und dann auf ihre Funktionstüchtigkeit.

Der Begriff sanuk steht für „Spaß haben" (wieder lautes Gekicher der Frauen). Was nicht sanuk ist, unterlässt man, wann immer es geht. Muss man Dinge tun, die nicht sanuk sind, dann bereichert man das Unvermeidliche mit etwas sanuk und macht es damit angenehmer. Sanuk ist zum Beispiel Essen. Je mehr Leute zusammen essen, desto mehr sanuk. Oder Shopping. Solange Geld da ist (oder geborgt werden kann), kaufen Thais oft spontan, was sie haben wollen. Der pure Akt des Kaufens ist ganz viel sanuk, spätere Reuegefühle über zu viel ausgegebenes Geld sind nahezu unbekannt. Lockere und humorvolle Gespräche wie dieses (wieder Kichern) sind sanuk. Ganz im Gegensatz zu tiefgründigen Diskussionen, Spazierengehen oder ernstem Lesestoff.

Von Ex-Premierminister Kukrit Pramoj stammt folgendes Zitat: „Der Lebensstil der Thai ist geschmackvoll, verwöhnt von einer gütigen, schwelgenden Natur, geprägt von anpassungsfähigen, moralischen Werten und einer heiteren Gelassenheit gegenüber den Problemen des Lebens. Für einen Thai besteht das Leben im Grunde aus einer einzigen langen Entspannungsphase."

Ich fühle mich entspannt und glücklich. Torsten und den Jungs scheint es ähnlich zu gehen. Wir machen Quatsch und lachen viel. Nach 21 Tagen sind unsere Seelen angekommen. Sabai-Sabai.

Zum Abendessen fahren wir nach Bophut. Wir lieben Thai Food. Es ist eine der besten Küchen der Welt. Und wir könnten es immer essen. Nein, zugegebenermaßen nicht immer. Den ganzen Tag schon flimmern Spaghetti Bolognese und eine Pizza Prosciutto vor unseren inneren Augen herum. Mit tomatiger Tomatensauce und viel fettigem Käse. Es geht einfach nicht anders, heute siegt der schicke, chillig-loungige Italiener im Fisherman's Village. Beim Essen schmunzeln wir über die amüsiert bis genervt schauenden Gesichter von trendigen Classy-Backpacker-Style-Menschen, während Johann den Kellner auf Trab hält, indem er ihn pausenlos heran winkt, und Carl seine gesamte untere Gesichtshälfte in Bolognese getunkt zu haben scheint. Hier sind Kinder Fremdkörper, ein Gefühl, dass wir in noch keinem thailändischen Restaurant gehabt haben. Macht nichts, wir haben auch eine Chill-Berechtigung.

Mojito aus Eimern

Ausgerechnet heute ist ein hektischer Zusammenpacken-alle-anziehen-haben-wir-auch-nichts-vergessen-Morgen, so dass wir viel zu spät dran sind, als wir die Abzweigung zum Lomprayah Pier suchen. An dieser Stelle erspare ich die Ausführungen, was sich alles seinen Weg in unseren zehn-Kilo-Rucksack gebahnt hat. Auch, wie groß die Spinne gewesen ist, die mir den Weg ins Bad versperrt hat, ehrlich, Untertassen-groß, ach was, Pasta-Teller-groß!
Wir fahren natürlich vorbei, aber bemerken es schnell. Es ist gar nicht einfach, das kleine blaue Hinweisschild „Lomprayah Pier / Wat Na Phra Lan“ in der Menge der bunten Werbe- und Hinweisschilder entlang der Ring Road zu finden, auch wenn wir vor ein paar Tagen zum Erwerb der Tickets schon einmal hier waren. Jetzt muss alles ganz schnell gehen, sonst fährt der Highspeed Katamaran ohne uns ab. Die Check-In-Prozedur mit Zuhilfenahme vieler Stempel und handschriftlicher Notizen auf jedem unserer Tickets, um diese dann in andere Tickets einzutauschen, die wiederum mit thailändischen Schriftzeichen bemalt und vielfach bestempelt werden, verläuft entspannt. Ordnung muss sein. Im offenen Wartebereich tummeln sich schon eine Menge Mitreisender, allen voran eine japanische Gruppe, die offensichtlich auf Koh Tao schnorcheln gehen will. Der Gruppenchef hat eine überdimensionale Kamera auf der Schulter (zuerst habe ich gedacht, er sei vom Fernsehen) und seine Schnorchelbrille samt daran befestigtem Schnorchel bereits auf dem Kopf. „Konichiwa, konichiwa“ ertönt es in wiederkehrenden Abständen, während aus den Lautsprechern die Techno-Version eines Black Eyed Peas Songs dröhnt. Die Lautstärke überfordert mich am frühen Morgen, sogar Carl fragt verwirrt, ob hier jemand tanzen will.
Der Lomprayah Highspeed Katamaran verkehrt zwei Mal täglich zwischen Chumphon und Koh Samui, mit Zwischenstopps in Koh Phangan und Koh Tao. Mit einem Kombiticket kann man von Chumphon über Hua Hin mit dem Bus bis nach Bangkok fahren. Natürlich auch in umgekehrte Richtung. Während die Fahrt von Samui zur Nachbarinsel lediglich 20 Minuten dauert, ist die Fahrtzeit mit Fähre und Bus bis nach Bangkok mit 12,5 Stunden angesetzt. Im Inneren des Katamarans sieht es so aus wie in einem Flugzeug. Zwölf Sitze sind jeweils neben- und hintereinander gereiht, vorne beschallen Fernseher die Fahrgäste.
Als wir frostfreie Sitze gefunden haben, legt das Boot ab. Glücklicherweise gleicht das Meer einem Badesee, ich leide nämlich unter Seekrankheit. Nur ein kleines Schaukeln genügt, und ich hänge über der Reling.

Ganz schön lässig, diese Nachbarinsel

In Thong Sala bemerken wir, dass der kleine Hauptort von Koh Phangan ruhig und vor allem klein ist. Ohnehin wohnen auf der 125 Quadratkilometer großen Insel nur 10.000 Einwohner, die Hälfte davon in Thong Sala. Nachdem die ersten Backpacker mit ihren Freunden (und Geld) wiedergekommen sind, hat sich Koh Phangan auf Partygänger und gesundheitlich-spirituell Erholungsuchende eingestellt. Natürlich neben den unzähligen Backpacker-Hütten, Taucher-Treffs und einer Handvoll Luxus-Resorts. Gefeiert wird hier an Voll-, Halb- und Neumonden. Am Strand, am Wasserfall und im Dschungel. Unterdessen wird nebenan Yoga im Healing oder Detox Center praktiziert. Die Unterkünfte auf Koh Phangan tragen Namen wie Happy Home, Why Not Guesthouse, Green Peace, Beer Bungalow, Easy Life Bungalow, House of Peace, Laid Back, Love Lip Bungalows und Good Hope Resort. Gegessen wird im Cafe Footprints, Hard Road Cafe, Mantra Bar & Restaurant, Warm Up Bar, Mr Handsome Sandwich, BetterThanSex, Same-Same, The End Bar & Restaurant und im Funky Buddha.
Das erste geöffnete Frühstückslokal, die Nira Home Bakery, entpuppt sich als eine fantastische Wahl und serviert ein Frühstück, von dem wir noch lange schwärmen werden. Seit Jahren wird das Lokal vom Lonely Planet und anderen Reiseführern empfohlen, zumindest steht das auf deren Website, die wir vom PC des Gastraums aus aufrufen.

Wir wollen nach Haad Rin fahren, dem berühmt-berüchtigten Strand der Insel. Was für ein Zufall, dass direkt vor dem Cafe eine Songthaew-Schlepperin auf uns wartet. Nach Verhandlungsabschluss winkt sie ein leeres Sammeltaxi heran. Sie selbst fährt natürlich nicht mit, sie ist ja nur die Schlepperin.

Mir ist vorab gar nicht klar gewesen, dass Koh Phangan so hügelig ist. Die über 600 Meter großen Berge reichen nah an die Küste heran, so dass wir auf dem Weg in den Süden steile Serpentinen auf und ab fahren. Beim Hochfahren pressen wir unsere Füße auf die Ladefläche, damit wir nicht hinten herausfallen, unterdessen schläft Johann zufrieden ein. Am Straßenrand stehen wenige Holzhäuser, Bambushütten, kleine Bungalowanlagen und vereinzelte Hotels. Dominiert wird das Bild von unberührter dschungelartiger Vegetation und phatastischen Ausblicken auf Koh Phangan, das benachbarte Koh Samui sowie den Ang Thong Nationalpark in der Ferne.
Die Fahrt endet im touristischen Zentrum Haad Rin, an dem sich die beiden Hauptstrände Haad Rin Nok und Haad Rin Nai anschließen, der eine Richtung Westen, der andere Richtung Osten gewandt. Hier findet jeden Monat die weltberühmte Full Moon Party mit international bekannten DJs und viel Alkohol statt. Am Haad Rin Nok geht es los, um dann Richtung Osten, der aufgehenden Sonne zugewandt, seinen Höhepunkt zu finden. In Haad Rin sind alle Dienstleistungen auf die Party People angepasst: hier gibt es Tattoo Studios, Vermietung von safety boxen für Wertgegenstände, mehrere „First emergency aid“-Kliniken

und drei Polizeistationen. An jeder Ecke prangen Schilder, die für Toiletten- und Duschgänge werben, und in einem Schaufenster sehen wir übereinander gestapelte Betten, in denen sich der Rausch ausschlafen lässt.

Schwierige Entscheidung: Mojito Bucket, Tom Cruise ...

Haad Rin Nok ist eine traumhafte, von hohen Hügeln und Felsen eingefasste Bucht mit sehr breitem Strand und weißem Pudersand. Natürlich reiht sich eine offene Bar neben die andere, nun allesamt geschlossen, die Sitzbänke und Tische übereinander auf die Bartresen gestapelt. Es lässt sich nur erahnen, wie es hier aussieht, wenn Zehn- bis Dreißigtausend Partymäuse Mojito aus Eimern trinken (pro Eimer 120 Baht, also 3 Euro).
Nachdem Carl nicht nur sich, sondern auch uns beim Buddeln Ganzkörperpaniert hat, wollen wir mit einem traditionellen Longtail-Boot zu einer benachbarten Bucht zu fahren. Da ist auch schon der Schlepper, der mit gutem Englisch den Auftrag akquiriert, um ihn an den ehemaligen Fischer Salmen, einen dunkelhäutigen Opa mit vielen Haaren auf dem Kopf, weiterzuleiten. Eine scheinbar funktionierende Symbiose, beziehungsweise Verteilung von Kernkompetenzen.
Nach Haad Yuan soll es gehen. Zehn Minuten soll die Fahrt dauern, ich nehme mir fest vor, sie ohne Erbrechen zu schaffen. Barfüßig waten wir durch das Wasser zum bunt bemalten Boot. Salmen hilft beim Reinklettern, bevor er die zwei Anker ins Boot hievt und die lange Stange, an der die Schiffsschraube befestigt ist, in Position bringt. Laut knatternd und schlingernd geht es los, hinaus ins Meer, einmal um die Felsen, und da ist unser Ziel: ein kleiner, schneeweißer,

flach abfallender Sandstrand, umgeben von hohen Palmen-bewaldeten Bergen. Bei der Anfahrt schwimmen unzählige bunte Fische im türkisblauem Wasser. Wir sind sprachlos.
Von der Landseite ist Haad Yuan nur äußerst beschwerlich zu erreichen. Es gibt Backpacker-Hütten und das Boutique-Hotel Pariya, deren 39 Pavillon-Zimmer an den steilen Hang gebaut sind. Zwei Stunden lang nehmen wir die vollkommene Szenerie auf, bei seichter Brandung und lauem Wind. Es folgen Kartoffel-Kürbis-Brei, eine weitere Sand-Panade sowie entspanntes Windelwechseln (dies ist die wahrscheinlich romantischste Windelwechsel-Location meines Windelwechsel-Lebens). Mir kullern Glückstränen über die Wangen. Wie farbenfroh, wie entspannt, wie intensiv kann diese Welt sein? Ich liebe diesen Ort, hier sind wir alle auf Knopfdruck in unserer Mitte. Ich bin dankbar, dass wir ihn erleben dürfen.

Zurück in Thong Sala City haben wir Hunger. Obwohl er zu dieser Tageszeit noch nicht vollständig aufgebaut ist, spricht uns der Thanthip Food Market an. Nachdem wir die bereits geöffneten Stände und Garküchen inspiziert haben, essen wir bei einer Köchin, die an ihrem Moped-Tisch zwölf Töpfe mit verschiedenen Currys und Suppen anbietet, komplettiert durch Reis, Reisnudeln und Spiegeleier.
Die Entscheidung fällt irre schwer, da jedes Gericht gut aussieht und noch besser riecht. Netterweise reicht sie uns einen Löffel, mit dem wir uns durchkosten. Und was soll ich sagen, die Mama kann kochen! Der Geschmack ihrer Köstlichkeiten reicht von süß bis sauer, von vegetarisch bis fleischlastig, von scharf bis mild, von natürlich bis künstlich und von subjektiv grandios bis, na sagen wir, nicht so meins. Vom bereitgestellten Plastiktisch aus beobachten wir das Treiben auf dem kleinen Food Market. Es sind noch nicht viele Menschen hier, aber an den Garküchen wird gewerkelt, gebrutzelt und gebraten, dass sich eine appetitanregende Duftwolke über die ganze Straße legt. Der Nachtisch kommt von der hochschwangeren Standnachbarin: sonnenreife Tangerine Orange (Mandarinen-) Shakes aus einem Plastik-Mixer, wie er auch in unserer Küche steht.
Der Katamaran gleitet pünktlich um 16:20 Uhr zurück nach Koh Samui. Tiefenentspannt und gleichzeitig erschöpft lassen wir diesen Tag ausklingen. Sicher ist, dass wir noch einmal auf das imposante Koh Phangan fahren werden. Und das nächste Mal schauen wir uns den Norden an.

Der unsichtbare Nachbar

Jeden Morgen schaut Carl als erstes zu dem auf einem Sockel gebauten Mini-Tempel vor dem Haus unseres Nachbarn. Dieser ist bestückt mit Figuren, Kerzen, Räucherstäbchen, Blumengirlanden und einer mit Strohhalm versehenen

Cola-Flasche. Wir haben ihm erklärt, dass es sich um ein Geisterhäuschen handelt, in dem der Hausgeist des Nachbarn wohnt. Jeden Morgen ist Carl enttäuscht, dass der Bewohner nicht zu Hause ist. Also starten wir einen ausführlicheren Erklärungsversuch:

Etwa 94% der thailändischen Bevölkerung sind Buddhisten. Beeinflusst wird der Buddhismus in Thailand vom aus Indien stammenden Brahmanismus und einer alten animistischen Volksreligion. Obwohl sie kein Bestandteil der buddhistischen Lehre sind, gehören Geister seit Jahrhunderten zur thailändischen Spiritualität dazu. Sie sind Teil des täglichen Lebens und haben Einfluss auf den Lauf der Welt.

Beim Bau eines thailändischen Hauses muss der Bauherr die vom Grundstück vertriebenen Geister besänftigen, indem er ihnen eine Ersatzheimstatt schafft. Beim Errichten der Geisterhäuschen (San Phra Phum) müssen viele Regeln beachtet werden. Zunächst einmal sollte das Geisterdomizil östlich, nordöstlich oder südlich des Wohnhauses liegen, da sich deren Schatten niemals kreuzen dürfen. Der Zeitpunkt der Aufstellung wird astrologisch genau berechnet, und die Einweihungszeremonie sollte vor 11 Uhr vormittags beendet sein, damit die Geister in Ruhe zu Mittag essen können.

Neben den Geisterhäuschen der Wohn- und Geschäftshäuser gibt es auch Schreine an besonders markanten, heiligen Orten wie Höhlen, Felsen, außergewöhnlichen Bäumen oder auch auf Stadtmauern. Auch an unfallträchtigen Straßen, zum Beispiel an der Ringstraße zwischen Chaweng und Lamai, haben wir sie entdeckt.

Um sicherzustellen, dass der Hausgeist sich in seinem San Phra Phum wohl fühlt, muss er attraktiv gestaltet sein. Die Figuren stellen die Geister beziehungsweise verstorbenen Familienmitglieder dar oder sollen als Tänzer für Unterhaltung sorgen. Manche stellen sogar kleine Modelle von Fernseher und Autos hinein, der Phantasie sind keine Grenzen gesetzt. Regelmäßige Opfergaben wie Wasser, Erfrischungsgetränke, zu besonderen Anlässen auch Alkohol, Obst, Reis oder Süßigkeiten werden gereicht. Im Gegenzug sorgt der Hausgeist für das Wohl des Haushalts und beschützt ihn vor Unglück.

Nicht alle Thais glauben an die Geister, die sie beschwören, aber es schadet ja nicht auf „Nummer sicher" zu gehen. Carl geht nun auch auf „Nummer sicher" und grüßt den unsichtbaren Nachbarn vorsichtshalber mit einem verstohlenen Kinder-wai, wenn er an seinem Mini-Haus vorbei geht.

Nach dem Supermarkt-Einkauf besuchen wir einen Farang, den wir bereits zu kennen scheinen. In der Bamboo Bar arbeitet Matthias Bück, einer derjenigen, der sich von einem Privatsender während seiner Auswanderung nach Samui begleiten ließ. Während seine Frau (nein, seine Ex-Frau) wieder in Europa weilt, lebt er mit seiner neuen Thai-Freundin in Maenam, dort grillt er jeden Abend riesige Fleischberge. Der Koch steht rauchend hinter dem Tresen, als er uns auf Deutsch (nein, Schwäbisch) mit der Erklärung begrüßt, warum heute nicht viel los sei (Mittwoschs ischt die Hölle losch, Donnerschtags kommt fascht keiner, er wüschte auch nicht, woran dasch liegt). Das Ambiente in seinem offenen Restaurant an der Ringstraße ist mit den wuchtigen Tischgruppen, einer gemütlichen Chill-Out-Ecke, einer Foto-Wand (von Gästen mit ihrem „Star") und einem White-Board voll handgeschriebener Bundesliga-Ergebnisse eigen, aber sympathisch. Was nach der Bestellung folgt, ist pure Gaumenfreude beziehungsweise so viel Fleisch am Spieß, am Stück und in der Pelle, dass wir uns nach dem Essen nicht nur dick fühlen, sondern es auch sind. So wie die anderen Gäste, ausschließlich Deutsche. Die überquellenden Teller (und Menschen) sind ein ungewohnter Anblick.

Keine Floskel ist uns in Thailand öfter begegnet, kein T-Shirt-Spruch wurde vermutlich öfter verkauft. Die Rede ist von „same same, but different". Die Bedeutung ist ziemlich einfach, denn eigentlich ist es doch alles das gleiche, aber irgendwie anders. Ein paar Beispiele:
Was ist der Unterschied zwischen Pad Thai und Pad Si Io? Same same, but different.
Was ist der Unterschied zwischen der roten und der gelben Drachenfrucht? Same same, but different.
Zwischen Seven-Eleven und Family Mart? Same same, but different.
Zwischen dem Nachtbasar und dem Sonntagsbasar? Same same, but different.

Ich liebe diese Floskel, lässt sie uns doch so manche kulturelle Eigenart unseres Gastlandes annehmen, egal wie weit entfernt sie von unserer Komfortzone liegt: Essen, Umgangsformen, Geister, Menschen, eigentlich ist alles same same, but different.
Dies betrifft auch den Unterschied zwischen Reisen und Ankommen. Als die Kinder im Bett liegen, planen wir einen Kurzurlaub in der Ao Nang Bucht bei Krabi. Fünf Nächte wollen wir dort, außerhalb der Hochsaison, verbringen. Zusammen mit dem Brio. Wir sind zwar gerade auf Koh Samui angekommen, aber Reisen macht trotzdem Spaß. Same same, but different.

Weg zum Arbeitsplatz

Im Garten steht ein zahnloser Gärtner. Lek hat ihn mitgebracht, genauso wie Um, die ihr heute wieder Gesellschaft leistet. Die Frauen sitzen im Garten, als ich mich dazugeselle, um Lek einen Zettel mit unseren vermissten Kleidungsstücken zu geben. Außerdem habe ich das thailändische Kinder-T-Shirt in der Hand, das fälschlicherweise in unserer Wäsche-Tüte gelandet ist. Ich überreiche ihr beides und erwarte die Reaktion „Ahhh. T-Shirt from my grandson, you know. Hahaha". Aber sie guckt mich nur verdutzt an. In Thai redet sie mit ihrer Schwester und dem Gärtner, dann ertönt aus drei Kehlen gleichzeitig ein achselzuckendes

„Ahhh." Pause. Lächeln. „Mai pen rai." (Das macht nichts), bevor sie erklärt: „Ohhh, so many missing. From baby. I need to bring another company." Jetzt sehe ich verdutzt aus. Gleichzeitig schäme ich mich. Ich bin wirklich felsenfest davon überzeugt gewesen, dass Lek sich mit unserer Wäsche vor ihrer heimischen Waschmaschine auseinandersetzt. Dass sie es selbst zu einem der unzähligen Wäschereien auf der Insel bringt, ist mir nicht in den Sinn gekommen. Lek ist also unsere Schmutzwäsche-Zwischenhändlerin. Und in Gedanken schreibe ich ein Polo-Shirt, zwei Waschlappen, ein Baby-Handtuch und eine Unterhose ab. Sie will trotzdem nachfragen.
Wir duschen ausgiebig, um fünf Minuten später das Gefühl zu haben, wieder dringend duschen zu müssen. Zeit für einen Ausflug.

Ich habe gelesen, dass der Hin Lad Wasserfall hinter Nathon gut mit dem Auto zu erreichen sei. Diese Information reicht uns, um dorthin aufzubrechen. Auf dem Parkplatz sind wir die ersten. Während Garküchen-Köche Mahlzeiten vorbereiten, sortieren sie Getränkedosen zu kleinen Pyramiden. Ansonsten passiert nichts.

Grüner wird es nicht

Da ist das Schild, auf dem mit lateinischen Buchstaben „Waterfall" steht, da geht's lang! Wir müssen ein paar Treppenstufen erklimmen, einen Naturpfad entlang, mal steil, mal wieder flacher, dann in den grünen Regenwald hinein und durch das Dickicht durch. Nach fünf Minuten bin ich noch restlos begeistert. Wir sind umgeben von unberührter Natur, meterhohen Bäumen, teilweise von Lianen umschlungen, vielen Farn-Arten und unzähligen bunten Schmetterlingen. Jetzt müsste gleich der Wasserfall kommen.

Bislang sind wir keiner Menschenseele begegnet, andächtig lauschen wir den Geräuschen des Dschungels. Manchmal raschelt es im Unterholz. Zikaden zirpen so laut, dass man meinen könnte, neben uns wird ein Baum gefällt. Den Trampelpfad erkennen wir gut, nur ein paar Mal müssen wir stehen bleiben und überlegen, wo es denn nun lang gehen könnte. Immer noch bergauf. Wir klettern über Baumwurzeln. Wir wandern über Steine und Felsbrocken und überwinden Meter um Meter an Höhenunterschied. Wieder eine Trinkpause. Natürlich, um den ausgeschwitzten Flüssigkeitsverlust auszugleichen, aber auch, um Carl nicht zu überfordern. Bislang macht er seine Sache prima und ich bin irre stolz auf ihn. Johann sitzt an meinem Rücken und guckt sich alles gurgelnd an. Wir wandern und wandern, klettern und klettern, aber der Wasserfall lässt weiterhin auf sich warten. Irgendwann, ich habe jegliches Zeitgefühl verloren, überholt uns ein Thai mit Armeehose und Gummistiefeln. Er versichert, dass es nur noch 300 Meter oder 15 Minuten zum Wasserfall seien und dass wir die längste Strecke schon geschafft hätten. Diese Aussage ist der einzige Grund, warum wir zu diesem Zeitpunkt weitergehen. Wir haben nämlich kurz zuvor schon ernsthaft überlegt, umzukehren. Also weiter. Carl braucht immer öfter Pausen, und ich sehe ihm deutlich an, dass er bald an seine Grenzen kommt. Psst, da ist schon das Geräusch von stürzendem Wasser! Eigentlich hört es sich eher wie ein Rinnsal an, aber wir sind so weit gekommen, jetzt wollen wir nicht aufgeben. Dass der schwierigste Teil noch bevorsteht, ahnen wir nicht.
Der Trampelpfad hat uns schon auf eine beträchtliche Höhe geführt, so dass wir durch die Bäume hindurch ins Tal gucken können, in dem von Wasser umspülte Gesteinsbrocken liegen. Der Weg wird nicht nur mühseliger – über noch größere Steine, durch zugewachsenes Dickicht -, sondern führt auch immer näher an den Abgrund. Ich versuche, nicht nachzudenken, was wir hier eigentlich tun. Kurz vor unserem Ziel ist der schmale Weg, auf dem wir laufen können, höchstens 30 Zentimeter breit, bevor es steil den Abhang zu dem weit unten fließenden Wasser hinuntergeht. Ich erkläre Carl, dass er sich mit dem Bauch zum Berg drehen, nicht nach unten gucken und sich an jeden Stein, jeder Liane, jedem Baumstamm und an jeder Wurzel, die er fassen kann, festhalten soll. Ein Fehltritt, denke ich. Nur ein Fehltritt deines Fünfjährigen, und du wirst deines Lebens nicht mehr froh. So langsam merke ich auch das Gewicht meiner zehn Gast-Kilos auf meinem Rücken, meine Oberschenkel brennen bei jedem Stufentritt. Ich bin hochkonzentriert und setze meinen Fuß zentimetergenau auf die Stelle des Bodens oder Steins oder Wurzel, die ich vorher ausgespäht habe. Wenn ich mir jetzt den Fuß verknackse, wie um aller Welt soll uns irgendwer helfen können? Mal ganz davon abgesehen, dass wir bislang, außer dem einsamen Wanderer, noch niemanden gesehen haben. Auch der ist im Dickicht verschwunden. Gerade, als ich denke, jetzt geht es nicht mehr, kommen wir an. Noch einen höheren Felsbro-

cken herunterrutschen und da sind wir, auf einem Hochplateau, das sich wie ein Riss durch den Dschungel zieht. Wir waten durch Wasserbecken und über Sandbänke zum Wasserfall. Er gleicht tatsächlich eher einem Rinnsal, ist aber trotzdem sehenswert.
Hier oben sehen wir auch den Wanderer wieder. Er hat es sich unter einem Baum gemütlich gemacht, vor ihm steht eine alte Kühlkiste und ein Schild mit der Getränkekarte: „Water 25 Baht, Coke, Fanta, Sprite 35 Baht, Chang 50 Baht" (0,63-1,25 Euro). Der Aufstieg ist sein Weg zum Arbeitsplatz.
Wir ruhen uns erstmal aus, und das haben wir sowas von verdient. Carl ist glücklich. Mit Unterhose bekleidet, steht er knietief im Wasser, bohrt Löcher in den Sand und erklimmt Steine. Auch Johann quiekt vergnügt, als ich seine Beinchen ins Wasser halte. Es ist so friedlich hier. An die Dschungelgeräusche haben wir uns längst gewöhnt, der Himmel, den wir durch die Bäume hindurch erkennen können, ist strahlend blau, das kühle Nass an den Füßen erfrischend. Lediglich ein wilder Hund, der sich ab und zu nähert, stört etwas. Er scheint hier zu leben und auf die vorbeikommenden Touristen angewiesen zu sein. Abgemagert klettert er wie eine Bergziege die Felsen hinauf und hinunter. Eigentlich wirkt er nicht gefährlich, aber Respekt habe ich trotzdem. Einen Biss von einem wilden Hund hier oben, nein, das brauchen wir nicht. Wir wickeln Johann auf der Sandbank vor dem Wasserfall (dies ist der zweitromantischste Ort, an dem ich je Windeln gewechselt habe) und bereiten uns mit großem Respekt auf den Abstieg vor. Hoffentlich schaffen wir das! Hoffentlich bleiben alle konzentriert, und keiner vertritt sich den Fuß oder stürzt ab oder wird von irgendwas gebissen oder oder oder. Durchatmen. Und los. Vorher kaufen wir allerdings noch zwei Flaschen Wasser. Wir können den einsamen Wanderer doch hier nicht allein lassen, ohne dass wir seine Präsenz würdigen.

Der Abstieg ist lang. Und anstrengend. Im unteren Viertel begegnen wir dann zwei Pärchen. Mit schweißglänzenden Gesichtern fragen sie, ob es noch weit sei. Oh ja, stöhnen wir. Ich sehe ihnen an, dass sie uns nicht glauben. Kann ja gar nicht so weit sein, wenn die mit Baby und Kind unterwegs sind. Wir befinden uns auf der letzten flachen Strecke, nur noch fünf Minuten bis zum Auto. Da passiert es. Carl passt eine Sekunde lang nicht auf, stolpert über einen minimal aus dem Boden ragenden Stein, fällt hin und verletzt seinen Handballen an einem anderen Stein. Es blutet leicht, während er laut durch den Dschungel schreit. Ich könnte einstimmen, aus Ärger, dass das noch passieren muss, aber vor allem zum Adrenalin-Abbau der vergangenen Stunden. Torsten reinigt die Wunde mit Wasser. Alles gut, es ist nur eine kleine Verletzung.

Unten am Auto reden wir zum ersten Mal darüber, was wir gerade hinter uns gebracht haben: eine tolle Wanderung durch unberührten Regenwald, mit dem Ziel eines hoch oben in den Bergen gelegenen Wasserfalls. Allerdings nicht zu empfehlen, wenn die Wandergruppe aus zwei kleinen Kindern besteht. Wir hatten einen Schutzengel dabei. Alles ist gut gegangen. Insgesamt waren wir dreieinhalb Stunden unterwegs und haben vier Kilometer Luftlinie überwunden. Und ich weiß jetzt: mein Kind kann wandern!

Zu Hause verlassen wir den Pool am heutigen Tag nicht mehr. Genug Abenteuer. Genug Anstrengung. Genug geschwitzt. Übrigens, am Abend lese ich im Internet folgende Zeilen über den Hin Lad Wasserfall:
"Der Weg zu den Hin Lad Falls ist recht angenehm; es empfiehlt sich aber, eine Flasche Wasser oder etwas Obst zur Erfrischung mitzunehmen. Vom Parkplatz erreichen Sie den Wasserfall in einem halbstündigen Spaziergang."
Wir schlafen schnell ein, in Gedanken an den heutigen angenehmen, halbstündigen Spaziergang und mit voller Vorfreude auf den morgigen Muskelkater.

Oriental Herbs Scrub

Kein Wort Englisch versteht der Mitarbeiter im Piergebäude. Was jetzt? Dabei wollten wir doch checken, von wo wir nächste Woche mit der Autofähre zum Festland übersetzen können. Im Internet haben wir dazu nur spärliche Informationen erhalten, aber fest steht: es gibt zwei Fähr-Verbindungen nach Surat Thani, eine der Raja Ferries und eine der Seatrans Ferries, eine aus Nathon, die andere aus Lipa Noi. Der freundliche Mitarbeiter gibt uns eine skizzenhafte Anfahrtsbeschreibung mit thailändischen Schriftzeichen. Daher dauert es eine Weile, bis wir die Einfahrt finden. Sie führt auf einen sandigen, von Schlaglöchern übersäten Parkplatz, auf dem Autos in Reih und Glied auf etwas zu warten scheinen. Klar, sie warten auf das Schiff.

In Lipa Noi, im Westen der Insel, gibt es einen zweiten Pier. In der Hoffnung, dass wir genauere Informationen zu Warte- und Abfahrtszeiten bekommen, begeben wir uns auf den Weg dorthin, durch dichte Kokos-Palmenwälder, entlang grüner Felder, auf denen Wasserbüffel grasen. Ursprüngliche Holzhäuser und kleine Shops, die Obst und Gemüse verkaufen, säumen den Straßenrand. Als wir in die Stichstraße zum Ferry Pier einbiegen, sehen wir von weitem die lange Schlange an LKWs, Pick-Ups und Mopeds, die sich durch den Palmenwald schlängelt. Auch hier keine Infos.
Na gut, dann werden wir uns nächste Woche einfach dazustellen und schauen, was passiert. Aber, das wissen wir schon jetzt, wir werden unser Glück am Fährhafen in Nathon versuchen. Der Anblick der fein aufgereihten Autos auf dem Warteparkplatz ist den Ordnungsstrukturen unseres deutschen Hirns näher als die wilde Schlange durch den Dschungel. Macht ja nichts, ist doch auch eine Erkenntnis.

Durch weiterhin grüne Vegetation und kleine Dörfer fahren wir, vorbei an einem Elefanten-Tor, nach Baan Taling Ngam. Richtig beeindruckend ist es hier, die

Landschaft wirkt unberührt und das Leben abseits der wenig befahrenen Straße authentisch.
Der Virus befällt uns wieder, wir sind auf dem Weg zum Fünf-Sterne-Hotel Intercontinental Samui Baan Taling Ngam Resort. Die Straße dorthin ist so steil, dass Torsten in den Automatik-Berggang schalten muss. Glücklicherweise werden wir am Parkplatz für die Überwindung der letzten Höhenmeter von einem Golfcart abgeholt. Oben angekommen stockt uns der Atem. Die Hotel-Lobby öffnet sich zu 180 Grad, auf der rechten Seite zum gleichnamigen Strand und auf der linken Seite zu endlosen Palmenwäldern und geradeaus in Richtung Meer, das uns in allen Facetten der Farbe Blau begrüßt. Begrenzt wird der große Raum lediglich durch hüfthohe Glasscheiben, eine imposante Aussicht auf kleine Inseln und endlose Weite!

Der Westen Samuis – Blick aus dem Intercontinental Samui Baan Taling Ngam Resort

Die bewährte Tarnung muss her. Erst testen wir, die einzigen Gäste am heutigen Nachmittag, die Bar, an der uns jeder Wunsch von den Augen abgelesen wird. Johann wird beschenkt mit einer Banane, und Carl grinst geduldig in die Handy-Kameras der Angestellten. Diese sind fest davon überzeugt, mein Sohn wäre ein TV-Kinderstar. Das wäre allerdings auch mal eine interessante Tarnung. Nein, nein, wir suchen eine Unterkunft für den nächsten Urlaub, ganz klar. Diese wollen wir jetzt besichtigen, nachdem Carl dreimal auf die Toilette gegangen ist, weil er sie so außergewöhnlich ästhetisch findet. Mit Sunny, einer Rezeptionistin

in dressiert wirkender Uniform, fahren wir mit dem Golfcart zur Two-Bedroom Unit, deren Zutritt die Schlüsselkarte leider verweigert. Da ich unterwegs nach dem Spa gefragt habe, schlägt sie vor, dass wir ihn zuerst anschauen könnten. In der Zwischenzeit würde sie eine neue Schlüsselkarte besorgen. Gesagt, getan. Weiter geht's bis zur Kuppe des Hügels. Ich bin noch damit beschäftigt, meinem Sohn beim Aussteigen zu assistieren, da ertönt ein Gong, ein sehr lauter Gong. Appanin, der Spa-Leiter mit schwulem amerikanisch-thailändischem Englisch, bittet uns ins Haus. Wir werden in einer Sitzecke platziert, bekommen einen gesunden Saft, feuchte Handtücher und eine Menge ungefragter Informationen über den Wellness-Tempel. Sofort holt er zahlreiche Pröbchen und lässt uns Cremes und Scrubs ihrer Hausmarke auf die Arme schmieren. Beim Anblick meines Mannes muss ich mir das Lachen verkneifen. Er wirkt etwas verloren mit Oriental Herbs Scrub („Orientell Ööööp Skrapp") auf dem rechten und Eurasian Energising Creme auf dem linken Unterarm, während er die Siamese Jasmine Lotion neben die Oriental Rose Lotion reibt und dabei von Appanin immer wieder animiert wird, an seinen Armen zu riechen. Bei der anschließenden Führung fallen die stilvolle Einrichtung der Anwendungsräume und Ausblicke auf die Kokospalmen-Wipfel auf. Carl möchte am liebsten hier einziehen. Und wenn das nicht geht, dann zumindest massiert werden („Mama, warum denn nicht? Hier ist doch gar nichts los!"). Bevor der Abschiedsgong ertönt, bekomme ich die Preisliste und einen Nachlass von 20%.
Die Wohneinheit mit zwei Schlafzimmern ist, wie das gesamte Hotel, stilvoll. Man braucht allerdings ein Auto, denn sonst bleibt man auf diesem Hügel sitzen. Es sei denn, man möchte jeden Abend im Hotel essen gehen. Dann braucht man allerdings einen großen Geldbeutel. Und lange warten sollten wir auch nicht, denn man muss gut zu Fuß sein, um die Wohneinheiten auf dem Hügel überhaupt erreichen zu können. Oder einen bergtauglichen Rollator haben.

Nicht spießig

Wenn ich den Moskito erwische, der mich um meinen Nachtschlaf gebracht hat! Während sich mein Baby nicht einmal geregt hat, habe ich mit diesem Tier gekämpft. Am Morgen hat es dann gewonnen und mich in die Fußsohle gestochen. Stiche unter den Fußsohlen sind die Allerschlimmsten.

Dabei gilt zur Vorbeugung von Dengue-, Chikungunya-Fieber sowie Malaria vor allem: nicht stechen lassen! Die Tiger-Mücke, gut erkennbar an ihrem schwarz-weißen Muster, ist in ganz Thailand unterwegs. Sie ist tagaktiv und kann Dengue- und Chikungunya-Fieber übertragen. Dengue-Fieber äußert sich durch grippeähnliche Symptome wie hohes Fieber, Glieder-, Muskel-, Gelenk- und Kopfschmerzen, Übelkeit mit Erbrechen und Hautausschlag bis hin zu inneren Blutungen. Auch das Chikungunya-Fieber zeigt sich durch Fieber und zum

Teil langanhaltende Gelenkschmerzen. Für beide Virus-Erkrankungen gibt es keine Schutzimpfung.
Malaria hingegen ist bis auf ein paar Ausnahmen kein Thema in Thailand. Fährt man doch in ein entsprechendes Gebiet, gilt es, sich bei/nach Sonnenuntergang zu schützen, denn die Anopheles-Mücke ist in erster Linie nachts unterwegs. Also her mit den Insektensprays, Moskito-Schutz-Cremes, Lotions und Räucherspiralen. Neben entsprechender Schutzkleidung und Moskitonetzen sind dies die geeignetsten Mittel zur Vorbeugung.

Bereits das dritte Mal wird mein Mann an einer Supermarkt-Kasse darauf aufmerksam gemacht, dass er keinen Alkohol kaufen dürfe. Nein, nicht weil er zu jung ist. Es ist einfach nicht die richtige Zeit! Es ist zehn Minuten nach zwei. Wir sind zu spät, denn Alkohol erwerben darf man nur in der Zeit zwischen 11 und 14 Uhr sowie zwischen 17 und 19 Uhr. Der Genuss seines Chang Biers wird ihm weiterhin verwehrt bleiben. Dafür landen Kekse und Schokolade im Einkaufskorb. Ersatzbefriedigung.
Beim Spaziergang durch Nathons Einbahnstraßen entscheiden wir uns spontan zu einem Friseurbesuch. Zumindest Carl und Torsten sollen einen neuen Schnitt bekommen. Ich setze aus, zumal der Friseur, vor dessen Laden wir stehen, nur Herren bearbeitet und Johanns Kopf-Flaum noch keine Schur rechtfertigt. Als wir den 20 Quadratmeter großen Raum betreten, kommt uns ein älterer Barbier entgegen. Er trägt eine große Brille, seine Glatze ist mit seitlichen Kopfhaaren überkämmt. Der Arbeitsraum ist lustig eingerichtet und erinnert mich in vielen Details an den Friseur aus dem Film „Prince aus Zamunda". Drei klapprige Barbierstühle stehen an einer Spiegelwand, natürlich läuft der Fernseher. Amüsiert schaue ich von einer Holzbank aus zu, wie der Friseur meinem Sohn einen Haarschnitt „Thai-Style" verpasst.
Ich könnte noch länger sitzenbleiben und abwechselnd dem lauten Fernseher und dem Friseur zugucken, aber auch Torsten ist schneller fertig als erwartet. Die anschließende Nackenmassage dauert länger als der Schnitt selbst. 180 Baht (4,50 Euro) verlangt er für Torstens, 100 Baht (2,50 Euro) für Carls Kopf. Wir sollen unbedingt wiederkommen, empfiehlt er, damit er Torsten rasieren könne.

Um sechs setzt die Dämmerung ein. An der Hafenstraße, schräg gegenüber des Anlegestegs für Fähren, findet allabendlich ein Essensmarkt statt. Etwa dreißig Garküchen mit vielfältigem gastronomischen Angebot bereiten dampfend das Abendessen vor. In der Mitte laden Tischgruppen zum sofortigen Verzehr ein. Es ist nett hier und riecht großartig, es gibt Crepes, Seafood-Omeletts, gebratene Tintenfische, gebratene Fleisch-Spieße, Getränke in der Tüte, Pad Thai, Nudelsuppen, Maiskolben, gekühltes Obst und eine Menge Gerichte, die ich nicht kenne.
Wir entscheiden uns für einen Maiskolben am Spieß, Pfannkuchen am Spieß, Fleischspieße, zwei Spieße mit gegrilltem Tintenfisch und einer fettigen Wurst,

natürlich am Spieß, die Carl genussvoll verputzt. Ein ganz und gar unspießiges Abendessen am Spieß.

Einbruch der Dämmerung- Beginn des Essensmarkts

Mit dem Gesicht gen Sonne

Die Wäscherei hat unsere vermissten Kleidungsstücke nicht gefunden. Lek wirkt zerknirscht. Aufgeregt redet sie viel lauter als sonst und atmet hektisch zwischen den einzelnen Worten: „Last night I could not sleep. I so sorry. You know, this is Thailand. And you Farang." Peinlich berührt schüttelt sie ihren Kopf. Samui habe sich in den letzten drei Jahrzehnten ohnehin grundlegend verändert, erzählt sie. Rasend schnell sei es passiert. Vor allem nach der Inbetriebnahme des Inselflughafens seien umfangreiche Investitionen in den touristischen Ausbau der Insel geflossen. Die intensive Bebauung habe die Insel auf den Kopf gestellt. Äußerlich und innerlich. Denn auch der Lebensstil und die Gesellschaftsstrukturen der Samuianer seien erheblich von der Veränderung betroffen. Heute lebten die Einheimischen inmitten einer touristischen Landschaft. Und das präge sie. Lek hat sich warm geredet und setzt sich. Jeden Tag bewegten sie sich zwischen der eigenen bekannten Kultur und der touristischen Welt. Und jeden Tag müssten sie sich anpassen an das fremdartige Verhalten der Farangs. Ich versuche mir ein zu Hause vorzustellen, dessen Kultur sich an seine Besucher angleicht. Gar nicht so einfach, dabei eine eindeutige Identität zu bewahren.

Überirdische Stromkabel in Chaweng Nord

Das Thema scheint Lek am Herzen zu liegen, zum ersten Mal nimmt sie unsere Einladung auf ein Glas Wasser an. Nach kaum wahrnehmbaren Nippen fährt sie fort. Die Infrastruktur sei dem Ansturm an Touristen nicht mehr gewachsen. Früher konnte man Trinkwasser aus Brunnen fördern. Heute ginge es nicht mehr, denn unter dem rasanten Bevölkerungszuwachs auf der Insel habe Qualität und Quantität gelitten. Nun müssten alle auf Trinkwasser aus Flaschen zurückgreifen. Während trockener Phasen müsse gar Wasser vom Festland eingekauft werden. „You see water truck in Santi Thani?" Ja, tatsächlich. Wir haben ihn in den letzten Wochen regelmäßig gesehen, den großen Tanklastwagen, dessen Inhalt beim Überfahren des Geschwindigkeitshügels überschwappt. Es gehe aber nicht nur um die Wasserversorgung, sondern auch um inadäquat ausgebaute Rohrleitungen und die Abwasserentsorgung. Vor zehn Jahren habe ihr Bruder in der inseleigenen Wasserbehörde gearbeitet und schon damals wurde empfohlen, die tägliche Besucheranzahl auf 12.000 pro Tag zu limitieren. Vor zehn Jahren waren es in der Hauptsaison aber bereits über 100.000 Menschen auf der Insel, die mit Wasser versorgt werden wollten. Es sei ein regelrechter Wasserkampf zwischen den

Hotels und den Bewohnern ausgebrochen. Ihr Bruder arbeite heute übrigens für ein Kettenhotel. „More money. Better."

Nächste Herausforderung: die Bewältigung der Müllmassen. Leider würde der Wald immer wieder als Müllhalde benutzt, Hauptsache, der Abfall befände sich ausserhalb des Sichtfeldes von Besuchern. Leks Augen sehen traurig aus. Früher habe es entlang der gesamten Küste Kokospalmen-Haine gegeben, heute nahezu ausschließlich Hotelanlagen. Wenn sie mit ihrem Enkel zum Strand wolle, erzählt sie, müsse sie erstmal einen freien Weg zwischen den Hotel- und Bungalow-Anlagen hindurch suchen. Gebaut werde immer noch, was das Zeug hält, am Strand, in den Bergen, in den Dörfern, überall. Auch Lebensmittel seien teurer geworden. Das Dreifache zahle sie nun für Reis und Fleisch im Vergleich zu den Preisen vor wenigen Jahren. Früher konnte sie auch problemlos auf dem Markt Fisch in zerteilten Stücken kaufen. Das gehe nun nicht mehr. Fische würden am Stück angeboten. So bevorzugten es die Touristenrestaurants.

Aber der Besucheransturm aus aller Welt bringe auch viele positive Aspekte für die Samuianer. Lek nimmt einen weiteren Schluck, ihre Miene hellt sich wieder auf. Viel Geld sei geflossen. Gute Schulen, gute Straßen, gute Internet-, Telefon- und Postverbindungen hätten sie nun. Und Strom.

In den 70er Jahren habe es in den meisten Dörfern noch keine Elektrizität gegeben. Lediglich in Nathon produzierte ein Generator stundenweise Strom. Heute ist das kein Thema. Trotz der zahlreichen Ausfälle seien die Bewohner dankbar für die Versorgung über das Wasserwerk auf dem Festland. Wende dein Gesicht der Sonne zu, dann fallen die Schatten hinter dich, sagt sie. Und lächelt.

Warum Buddha?

In Vorbereitung auf die Reise an die Westküste koche ich Schnuller und Fläschchen ab, produziere Möhrenbrei, bestücke den Kinder-Ipod mit neuen Hörbüchern und packe, während Torsten mit Carl den Honda auftankt, vergeblich nach einer Straßenkarte sucht und Wegzehrung einkauft. Unterwegs sehen sie Mönche bei ihrem morgendlichen Opfergang. Mit ihren Bettelschalen in der Hand marschieren sie die Ringstraße entlang und verwirren meinen Fünfjährigen, so dass wir einen halben Tag lang das bekannte „Warum-Spiel" über Buddha, Buddhismus und buddhistische Mönche spielen:

Warum haben die Mönche Schalen in der Hand? – Weil sie darin Essensspenden, frischen Reis und Beilagen, von den Bewohnern empfangen. Buddhistische Mönche dürfen nur um Wasser, Medizin oder Hygieneartikel bitten, zum Beispiel Zahnbürsten. Alles andere muss ihnen unaufgefordert gegeben werden.
Warum machen die das so früh am Morgen? – Weil sie nur einmal am Tag, bis 11 Uhr morgens, essen dürfen. Nach dem Opfergang zwischen sechs und sieben Uhr

gehen sie zum Tempel, um dort gemeinsam zu essen. Der morgendliche Opfergang ist die Pflicht eines Mönches.

Warum ist es seine Pflicht? – Weil die gläubigen Buddhisten durch die Abgabe von Essen und Geschenken die Möglichkeit haben, Verdienst zu erwerben. Dann bedanken sie sich bei den Mönchen mit einem wai, dass er ihre Spende angenommen hat.

Warum brauchen sie Verdienst? – Weil die Gläubigen dadurch gutes Karma erwirken können.

Warum brauchen sie gutes Karma? – Weil sie glauben, dass sie nach ihrem Tod wiedergeboren werden. Immer wieder und wieder und wieder. Karma bedeutet, dass alles, was man tut oder denkt, eine Folge hat. Wenn nicht in diesem Leben, dann im nächsten. Wenn jemand arm ist, dann, weil er in einem vorherigen Leben etwas Schlimmes getan hat. Wenn die Buddhisten gutes Karma erwirken, also zum Beispiel den Mönchen Essen geben, anderen Menschen helfen oder immer lieb und nett zu ihren Eltern sind, dann wirkt sich das positiv auf ihre Wiedergeburt, damit auf ihr nächstes Leben aus.

Big Buddha auf Koh Samui

Carls Augen werden immer größer, und er läutet die nächste Runde ein. An dieser Stelle beschränke ich mich auf die Zusammenfassung:

Buddha:
Bevor Buddha Buddha (=Erleuchteter, Erwachter) genannt wurde, hieß er Siddhartha Gautama. Er war Sohn eines Fürsten und lebte vor ewigen Zeiten (etwa

von 563 bis 483 vor Christus, wobei diese Lebensdaten höchst umstritten sind). Buddha war kein Gott oder Überbringer einer göttlichen Wahrheit, vielmehr hat er in seinem spirituellen Leben die Reinheit und Vollkommenheit seines Geistes erreicht: vollkommene Weisheit und unendliches Mitgefühl mit allem Lebendigen. Zum Zeitpunkt des „Erwachens“ (Bodhi) seines Geistes war er 35 Jahre alt. Fortan lehrte er den Weg dorthin, damit man diesem Weg folgen und den Zustand der inneren Ruhe für sich selbst entdecken kann. Durch Bodhi wird Nirvana erlangt, d.h. der Kreislauf der Wiedergeburten und damit des ewigen Leidens wird beendet. Siddhartha Gautama starb im Alter von 80 Jahren, nachdem er ein verdorbenes Gericht gegessen haben soll.

Buddhismus:
Der Buddhismus gleicht aus westlicher Sicht weniger einer traditionellen Religion, sondern ist eher eine Philosophie oder Weisheitslehre. Der Buddhist betet keinen Gott an. Er lebt nach den Regeln des Buddhismus, das heißt, er strebt den Weg Buddhas an, um Verdienste zu erlangen, die ihm bei der Wiedergeburt angerechnet werden, oder gar Nirvana zu erreichen.

Buddhistische Mönche:
Buddhistische Mönche sind für die Bewahrung und Vermittlung der Lehre Buddhas verantwortlich und wirken an zahlreichen Zeremonien mit. Sie besitzen den höchsten Stellenwert in der thailändischen Gesellschaft. Mönche leben ohne materielle Gegenstände, dürfen nicht tanzen, sich nicht parfümieren, kein hohes, breites Bett benutzen und keinen Rasen mähen.

Traditionell sollte jeder männliche Thai, möglichst vor seiner Heirat, einige Wochen, Monate oder ein ganzes Leben im Kloster verbringen, um dort als Mönch zu leben. Dadurch gewinne er großen Verdienst. Die meisten beginnen mit etwa acht Jahren ihre Laufbahn mit dem Dienst als Dek wat („Tempelkind“). Ihre Aufgaben im Tempel sind niedere Hausarbeiten, während sie eine buddhistische Grundausbildung erhalten. Nach dem Dienst als Dek wat wird man Novize und nach gewöhnlich ein oder zwei Jahren Mönch. Irgendwann kehren die meisten jungen Mönche in ihr Alltagsleben zurück, heiraten und gründen eine Familie. Die, die nicht zurückkehren, spezialisieren sich auf Meditation oder die buddhistische Lehre. So, genug für heute. Jetzt geht´s ans Packen.
Die Bezeichnung „Koffer-Raum“ ist für das Areal hinter der Heckscheibe beim Modell Honda Brio irreführend, denn ein Koffer passt nicht hinein. Zumindest kein richtiger. Angebracht wäre eher „Handgepäck-Raum“ oder „Trolley-Fach“. Auch wenn wir nur fünf Nächte in Krabi verbringen werden, nehmen wir eine ganze Menge mit. Und da wir neben Rucksäcken und einer kleinen Tasche kein passendes Gepäckstück dabei haben, wandert unsere Wäsche in zahlreichen Tesco Lotus Plastiktüten ins Auto. Ich freue mich auf die Gesichter, wenn wir bei der Ankunft im Hotel gefragt werden, ob man mit dem Gepäck behilflich sein dürfe.

ÜBER PHUKET NACH KRABI UND CHIANG MAI

Die andere Seite

Unter den wachsamen Augen der Bauarbeiter bepacken wir am 29. Tag unserer Reise das Auto mit den letzten Utensilien. Zwar sind wir seit fünf Uhr wach, aber an diesem Morgen besonders langsam. Es ist viertel vor zehn, als wir auf den Wartplatz der Seatrans Ferries einbiegen. 695 Baht (17,36 Euro) kostet die Fährfahrt mit Auto und Insassen. Wie lange wir wohl jetzt noch warten müssen? Die Antwort der Bezahlstellen-Mitarbeiterin lautet „Uaöff". Wie bitte? Wir fragen nach. „Uaöff". Wir fragen noch zweimal nach. Die Antwort lautet immer „Uaöff". Wir starren uns wortlos an, gefolgt vom Geistesblitz! „Ahh", antwortet Torsten, „Twelve?". Lächeln. „Eleven o'clock possible?". Wieder ein Lächeln, „Maybe.". Dann stellen wir uns in die zweite Fahrzeug-Reihe.

Es ist heiß. Und es stinkt. Zunächst schimpfen wir noch über die Mitwartenden. Was für eine Umweltverschmutzung, einfach den Motor laufen zu lassen, nur damit sie es angenehm kühl haben! Nach einer halben Stunde geben wir unsere umweltfreundlichen Vorsätze auf und starten den Motor samt Klimaanlage, weil wir uns gegenseitig nicht mehr riechen können. So sitzen wir im Mini-Auto und warten. Und warten. Ich versuche Johann, mit diversen Spielchen bei Laune zu halten, er findet Radioknöpfe und die Hupe allerdings interessanter.

Irgendwann verschwindet ein Auto nach dem anderen im Nichts. Wir sind dran. Erwartungsvoll folgen wir dem dreckigen Pick-Up vor uns. An der vorderen Parkplatz-Ausfahrt müssen wir die Hauptstraße überqueren, bevor wir uns auf dem Pier erneut einreihen. Stop-and-go, bis wir einen neuen Checkpoint erreichen, hinter dem, wer hätte es gedacht, in fünf Spuren weitere Warteschlangen aufgereiht sind. Wenigstens hat das langsame Vorwärtskommen mein Baby eingeschläfert, so dass ich eine Bespaßungs-Pause einlegen darf. Um kurz vor 11 Uhr wird unser Auto auf der Fähre als vorletztes Fahrzeug mit Bremsklötzen versehen. Mit schlafendem Johann schlängeln wir uns durch die dicht geparkten Fahrzeuge hindurch, um die folgenden 90 Minuten im kalten und lauten Passenger Room zu verbringen. Dort plappern viele Kinder wild durcheinander, toben und essen Chips sowie Instant-Knorr-Nudelsuppe aus Pappbechern. Carl will mitmachen. Gemeinsam toben und Chips essen klappt, mitplappern und Nudelsuppe essen leider nicht, weil die Fähr-Bar kein heißes Wasser mehr hat. Eine hübsche Frau hat es meinem Sohn besonders angetan.

„What is your name?“, fragt sie ihn, als der Augenkontakt nicht mehr enden will.
„My name is Carl.“
„Ahh. Caaal.“ Die beiden kichern.
„Sein name Johann.“
„Ahh. Io-an.“ Die beiden lächeln erneut.
„Mamas name ist Ma-Ma.“
Jetzt lachen alle. Und sind keine Fremde mehr.
Von dem Geräuschpegel wacht auch Johann auf, und die vielen freundlichen Gesichter animieren ihn sogleich, zu schäkern, was das Zeug hält. Zahlreiche Familien kommen auf uns zu und bitten um Fotos mit den Jungs. Es wird geknipst und geknuddelt, so dass die Überfahrt schnell vorbei geht.

Bitte lächeln!

Auf dem Festland halten wir an der nächsten Tankstelle. Wir sind davon ausgegangen, dass wir hier eine Straßenkarte kaufen können. Falsch gedacht. Wir sollen in einer Buchhandlung nachfragen, empfiehlt man uns. Na toll. Ich habe mir zwar den Streckenverlauf nach Krabi einigermaßen eingeprägt, aber so ganz ohne Karte kommen wir uns doch nackt vor. Egal. Was-wäre,-wenn-Gedanken sind nicht sanuk. In Vorbereitung auf die nächsten 220 Kilometer trinken wir bei einer Kaffeehaus-Kette einen Eis-Saft auf Kiwi, bevor wir Johanns Windeln im 50 Grad heißen Auto wechseln. Dann machen wir uns auf den Weg. Zunächst Rich-

tung Surat Thani, anschließend auf eine Schnellstraße und einen vierspurigen, nagelneuen und fahrzeugleeren Highway Richtung Thanon Namuang. Von hier aus ist Krabi ausgeschildert. Die Landschaft verschlägt uns den Atem. Zuerst ist es in Küstennähe noch leicht hügelig, dann norddeutsch-platt, bis die ersten steilen Karst-Felsformationen emporragen. Ich habe noch nie in meinem Leben derart grüne, satte, gesunde und üppige Vegetation gesehen. Nach jeder Kurve zeigt sich ein anderes Bild: mal dominieren Bananen-Plantagen, mal dichte Wälder mit Tropenbäumen und Kokospalmen, mal eine savannen-ähnliche Ebene, mal rote Erde und ein anderes Mal üppig bewachsene Berge. Die Fahrt auf der Route 44 verläuft entspannt. Johann ist auf meinem Schoß erneut eingeschlafen (ich gebe einen prima Kindersitz ab), unterdessen ist Carl in sein Hörbuch vertieft. Obwohl es schon ziemlich unheimlich ist, wenn man mehr als 30 Minuten kein Auto oder Lastwagen sieht. Oder wenn alle Straßenschilder ausschließlich in thailändischen Schriftzeichen gedruckt sind, und man absolut keine Ahnung hat, worauf sie wohl hinweisen mögen. Oder wenn der Blick nach vorn so weit ist, dass man denken könne, am Horizont falle man von der Erdscheibe herunter. Gelegentlich unterbricht ein uns auf dem Standstreifen in unserer Richtung entgegenkommendes Auto unsere Landschafts-Beobachtungen. Oder der Anblick vereinzelter Wohnhäuser am (Autobahn-)Straßenrand. Oder die aus dem Nichts auftauchende Baustelle, deren Umleitung über Feldweg, Gegenfahrbahn (Absperrungen nicht nötig) und eine wackelige Holzbrücke den Brio mehrmals aufsetzen lässt.
Erst drei Stunden später und zehn Minuten vor dem Ziel wacht Johann auf. Jetzt müssen wir nur noch vor Krabi Town Richtung Ao Nang abbiegen, bis wir uns mitten in der hiesigen Hotelzone mit McDonalds, Starbucks und Unmengen an italienischen Restaurants befinden. Die muslimische Prägung dieser Gegend fällt ins Auge. Wir passieren mehrere Moscheen und auf den Mopeds tragen Frauen Kopftücher. Der Anteil an Muslimen ist im Süden Thailands am höchsten im Land. Und in Ao Nang besonders ausgeprägt.

Unser Hotel für die kommenden Nächte heißt Sala Talay. Es ist am Nopparat Thara Beach gelegen, einem Strand, der sich der Ao Nang Bucht anschließt. Am Andamanischen Meer ist noch keine Hochsaison, es ist wenig los. Vielleicht ist es aber auch der als Design-Element übermäßig verwendete Sichtbeton, der dem Hotel den Anschein verleiht, als wäre es noch nicht fertiggestellt. Auf den zweiten Blick gefällt es uns ganz gut, also zumindest das, was wir heute sehen: eine offene Bar an der Straße, ein offenes Restaurant, eine offene Rezeption. Die Zimmer haben glücklicherweise Wände. Froschgrüne Sichtschutzmatten versperren unsere neugierigen Blicke auf die benachbarte Großbaustelle. Die Suche nach der baustellenfreie Zone geht weiter.
Um halb fünf essen wir in einem der in Strandnähe gelegenen Restaurants, nicht weit vom Hotel entfernt. Vom über dem Strand thronenden Tisch aus erkennen

wir in weiter Ferne die Spaziergänger, die durchs Watt Richtung Meer laufen. Die Gezeiten machen sich an diesem Strandabschnitt deutlich bemerkbar.
Es schmeckt sehr lecker, aber wir fragen uns, woher der erste Eindruck rührt, dass die hier lebenden Thais distanzierter zu sein scheinen. Das berühmte Lächeln, egal was es bedeuten mag, haben wir noch nicht gesehen. Wenn sie untereinander Thai sprechen, klingen sie wesentlich lauter, fast als schimpfen sie. Und beim Vorbeigehen hören wir ein geräuschvolles „Farang Farang", bevor uns eine Boots- oder Taxifahrt, ein Platz im Restaurant oder eine Massage angeboten werden. Ich bin gespannt, ob dies nur ein erster Eindruck bleibt.

Auf unserem kurzen Weg ins Hotel wird das Nachtleben Ao Nangs eingeläutet. Aus bunt beleuchteten Bars dröhnt Musik, während leicht bekleidete Damen auf den Barhockern sitzen und gelangweilt Passanten beobachten. Ich ahne, warum sie dort sitzen.
Im Hotel stellen wir uns tapfer der Herausforderung, bei nur einem Schlafzimmer und unterschiedlicher Müdigkeit die Jungs gleichzeitig zum Schlafen zu bewegen. Irgendwann liege ich mit offenen Augen im Bett, an meiner rechten Körperseite ein schnullerndes Baby und an meiner linken Hand den im Beistellbett schlummernden Carl, und wage nicht, mich zu bewegen. Schön. Und anstrengend. So wie die ganze Reise.

No beautiful

Ausgerechnet eine Großbaustelle zeigt, wie uns die Mini-Auszeit bislang verändert hat. Beim Frühstück hören wir gebannt dem benachbarten Hämmern, Bohren und Sägen zu. Als sich unsere Blicke treffen, fangen wir schallend an zu lachen. Wir ärgern uns nicht, wir wollen auch nicht umziehen, sinnen nicht nach Rache, weil wir die Info nicht bei der Buchung bekommen haben. Das wäre kein sanuk. Wir sitzen einfach nur da, auf der offenen Frühstücksfläche, und genießen das Leben. Wir haben uns im Vorfeld richtig gefreut auf ein Frühstück mit großer Auswahl, vor allem ohne anschließenden Abwasch.
Mit vollen Mägen begeben wir uns auf die Suche nach dem Spielzimmer, eines der Hauptkriterien für die Hotelauswahl. Die freundliche Dame an der Rezeption zückt zunächst das Telefon, und nach dem Gespräch zuckt sie mit den Schultern. Erst der vierte Mitarbeiter, den sie zu Rate zieht, hat schon einmal von dem hoteleigenen Spielzimmer gehört und bringt uns netterweise hin. Dies sei auch der Weg zum Spa, erklärt er, als wir durch eine abflussähnliche Gasse zwischen Sala Talay und dem Nachbarhotel durchwaten. Jetzt noch durch ein Gerüst hindurch, auf dem in schwindelerregender Höhe die Holzgeländer von außen gestrichen werden, so dass sich zur Kloake der intensive Geruch von Farbe gesellt. Wenn das der Weg zum Spa ist, dann ist dies der unromantischste Weg, den ich mir in Bademantel und Spa Flippers vorstellen kann.

Im 20 Quadratmeter großen Zimmer stellt der junge Mann die Klimaanlage auf angenehme 20 Grad, dann ist es unseren Jungs erbarmungslos ausgeliefert. Carl, sofort in seinem Element, kramt alle Spielzeuge aus Schränken und Kisten, derweil schläft Johann im Kinderwagen ein.
Das ist meine Chance! Jetzt ist Foot Scrub-Zeit! Die herumsitzenden Frauen in einem der Massage-Salons an der Hauptstraße freuen sich, mich zu sehen, denn Kunden scheinen noch keine hier zu sein. Die Hälfte des klimatisierten Raums besteht aus einer erhöhten Liegefläche, die durch Vorhänge in mindestens zehn Massage-Einheiten getrennt werden kann. Während sich Ganja, eine junge Frau mit breitem Lächeln, das ihre Oben- und Unten-Zahnspange in jedem Detail zeigt, meinen Füßen widmet, erzählt Ahm, die Inhaberin, dass es nur noch wenige Tage dauern würde, bis die Hochsaison beginne. Dann würden zahlreiche Skandinavier in die Region Krabi einfallen, und dann hätte sie die wenig besuchte Regenzeit finanziell überstanden.

Auch von ihren Kindern berichtet sie:
„How many child have?“
„Two. You?“
„Ahh. Two.“
„Boy and girl?“
„Nooo. Two boys. Arghhh.“
„Me, too. Two boys. How old are your boys?“
„Seventeen. Ten. You?“
„Five years old and 11 months old.“
„Oh, you have short ...“ (dabei macht sie eine Handbewegung mit beiden Händen, die wohl „Abstand“ bedeuten soll).
„Yes, pretty much. You have big...“ (ich mache dieselbe Handbewegung).
„Oooh. Yes. No good. Two times...“ (jetzt schneidet sie mit ihrer Hand ihren Bauch entlang, reißt mit beiden Händen ein Loch und holt ein Luft-Baby heraus).
„Oooh. Two times.“
Ahm kommt ganz nah an mich heran. Verstohlen schaut sie sich um, ob uns jemand beobachtet, bevor sie ihr Oberteil liftet und mir ihre Kaiserschnittnarbe präsentiert. Ihr Bauch sieht so aus wie meiner, nur dunkelhäutiger.
„No beautiful, eh“, flüstert sie mir zu.
Ich ziehe ebenfalls mein T-Shirt hoch, dabei fasse ich meine Speckrolle an: „Nooo, no beautiful.“. Wir zucken beide mit den Schultern, heimlich über internationale Mama-Solidarität kichernd.

Mit cremeweichen Mädchenfüßen tripple ich zwei Stunden später zurück ins Spielzimmer, wo ich die Männer meiner Familie genauso vorfinde, wie ich sie verlassen habe. Ich habe nichts verpasst. Auch draußen verpassen wir nichts, denn es regnet wie aus einem Duschhahn, gelegentlich unterbrochen von lautem Donner.

In der ersten Regenpause fahren wir zur Ao Nang Bucht. Nun lässt sich auch die Sonne zum ersten Mal blicken, die für eine unangenehme Schwüle sorgt. Auf dem Spaziergang entlang des 1,3 Kilometer langen Strandabschnitts wird uns bewusst, wie sehr der Trubel des Massentourismus diesen Fleck Erde beherrscht. Mitten in der internationalen Pauschalreise-Zone sind wir gelandet, die den Hauptstränden Phukets oder Samuis in Nichts nachsteht. Am Ende der Strandstraße sind Torstens Hände gefüllt mit Visitenkarten von Restaurants, Souvenir-Shops und indischen Schneidern, dessen Verkäufer uns auf dem Weg laut auf ihre Produkte oder Dienstleistungen aufmerksam gemacht haben. Die häufigsten Wörter lauten dabei „cheap-cheap-cheap" und „Pizza only 140 Baht (3,50 Euro)". Besonders gefallen hat mir ein Cafe, das neben Kaffee und Kuchen auch noch Tattoos und Piercings anbietet.
Wer in Krabi Erholung sucht, flüchtet zu einem der nahegelegenen Strände, viele davon nur über den Seeweg erreichbar. Die Karstkegel-Landschaft hingegen ist faszinierend. Ein großer überwucherter Felsenturm rahmt den goldgelben Strand ein, in der Ferne sind vorgelagerte Mini-Inseln zu sehen.

Ao Nang Beach mit Karstkegel-Landschaft

Bei Bao, einem Longtail-Bootsführer, erkunden wir uns über Fahrpreise zu den Inseln. Beim Blick auf seine zur Verhandlung eingesetzten Strandfotos habe ich das Gefühl, ich müsse sie nun nicht mehr sehen. Irgendwie kenne ich sie schon, die paradiesischen, mit Menschenmassen überfluteten Strände, die bei vielen Reisenden einen weiteren Haken auf ihrer persönlichen „Done this, seen that"-

Liste darstellen. Ohnehin sei die Fahrt während der Regenzeit viel zu gefährlich für Kinder, rät die Mitarbeiterin der ansässigen Touristinformation. Viele der Boote hätten kein Dach, und bei einem unvorhergesehenen Tropenschauer liefen sie voll. Kein Problem, wenn alle schwimmen können. Mit Blick auf den nächsten heftigen Schauer befolgen wir ihren Rat und ziehen uns ins Hotel zurück, wo mein Mann einen grandiosen Plan ausspricht: „Warum fliegen wir nicht mal kurz nach Chiang Mai, in den Norden Thailands?“ Ja, warum denn eigentlich nicht!

Watt-Wandern

Die nächste Tropenschauer-Spielzimmer-Session steht an. Macht nichts, schließlich haben wir einen Job zu erledigen. Also hinein in den Sitzsack, Laptop auf den Schoß und los geht die Reise durch asiatische Buchungsmaschinen. Bis Hotel und Flüge gebucht sind, haben die Jungs das Spielzimmer in seine Bestandteile zerlegt. Es ist aber auch wirklich verhext, entweder ist die Unterkunft zu weit vom Stadtzentrum entfernt oder zu teuer oder mies bewertet oder ausgebucht. Am Ende entscheiden wir uns für ein Hotel im Segment „Budget Design“ und für den zweistündigen Flug mit der Low-Cost-Airline Thai Air Asia auf der Strecke Phuket – Chiang Mai. In drei Tagen geht es nach Chiang Mai! Die „Rose des Nordens“ ist mit ihren 148 Tausend Einwohnern die größte und kulturell wichtigste Stadt in Nordthailand. Sie wartet mit unzähligen Tempelanlagen, Elefanten-Camps, Bergen und ihren gelassenen Bewohnern auf uns. Habe ich schon erwähnt, dass ich mich freue?
Im Grunde genommen besteht das ganze Leben mit Kindern aus geplanter Spontanität. Die spontane Weiterreise ist kein Problem, vorab schalten wir zurück in den Planungsmodus. Wir brauchen Windeln, Milchbrei, frische Wäsche und einen Koffer. Es ist zu bezweifeln, dass uns die Airline mit Tesco Lotus Plastiktüten einchecken lässt.

Der Weg nach Krabi Town ist in einem guten Zustand. Anstrengend ist die Fahrt dennoch, aufgrund des hiesigen (oder heutigen) Fahrstils der Mit-Verkehrsteilnehmer. Torsten passt sich an. So manches Mal befürchte ich, einen Moped-Fahrer als Kühlerfigur an unserem Auto kleben zu haben. So manches Mal müssen wir ausscheren, weil der Gegenüber während seines Überholprozesses uns auf unserer Spur geradewegs entgegenkommt. Und oftmals halten die Verkehrsteilnehmer abrupt an oder fahren einfach los, ohne sich um andere zu scheren. Den Vogel schießt eine Mama auf dem Moped ab, die hinter sich eine Zweijährige transportiert, während sie auf einem Arm ein etwa dreimonatiges Baby hält und mit dem zweiten lenkt. Souverän und ganz und gar nicht wackelig nickt sie Johann lächelnd zu, als sie uns überholt.

Die 25-Tausend-Einwohner-Stadt ist großflächig angelegt, die Hauptstraßen sind breit und ausladend. Ein paar Touristendollars sind in den Ausbau von Piers und einer Uferpromenade geflossen, ansonsten empfinden wir Krabi Town als schlicht. So wie unseren neuen, klapprigen Koffer, der hoffentlich zwei Inlandsflüge übersteht.

Nachdem wir uns im Supermarkt für die Reise eingedeckt haben, lassen wir unsere Füße in den Strandschlick des flachen Nopparat Thara Strandes flutschen. Es ist Ebbe, so dass wir im Watt dem Meer und dem Sonnenuntergang entgegen waten. Man könne sogar bis zu den vorgelagerten Inseln laufen, erzählt uns ein australischer Strandgänger ungefragt, dessen asiatisch aussehender Sohn gemeinsam mit Carl die in den Prielen liegenden Seesterne, Schnecken und Einsiedlerkrebse sucht. Er sei IT Project Manager, arbeite in Singapur, besuche die Freunde seiner malaiischen Frau und verblüfft uns mit detaillierten Kenntnissen über König Ernst August von Hannover.
Auch Kohsoom, die Besitzerin vom benachbarten Restaurant „Karapang Seafood", erzählt uns am heutigen Abend wilde Geschichten aus aller Welt. Ihre Freundin sei in Oklahoma beim Autokauf erschossen worden, daher kehrte Kohsoom nach fünf Jahren aus den USA zurück. Beim Nachtisch sitzt sie neben ihrem Vater, ihrem koreanischen Mann sowie den beiden fünf und sieben Jahre alten Kindern an unserem Tisch und berichtet über ihre zweimonatige Europa-Reise. König Ernst August kennt sie auch.

Das muss man unbedingt gesehen haben!

Nach Meinung allwissender Reiseführer sowie einer Gruppe israelischer Backpacker gehören folgende Ausflugsziele zu den Must-See's in Krabi und Umgebung: Baden an benachbarten Stränden und vorgelagerten Inseln (zum Beispiel Rai Leh oder Phra Nang Beach, Chicken oder Tup Island), Ausflug mit dem Speedboot zu den Phi Phi Islands, Maya Bay (Drehort von „The Beach") oder zum James Bond Felsen („Der Mann mit dem golgenden Colt"), Aufstieg zum Tiger Cave Temple (1.237 Treppenstufen führen zu einem 260 Meter hoch gelegenen Tempel mit sehenswerter Aussicht über Krabi, vorausgesetzt es regnet nicht), Besuch der Emerald Cave (stark frequentierter See im Naturpark) und diverser Höhlen. Auch einen Muschelfriedhof (Fossil Shell Beach beziehungsweise Susan Hoi) gibt es, in der Nähe der Krabi Fish Farm, dies sei jedoch nichts Spektakuläres. Ansonsten sollten wir in der Amys 69 Bar vorbei schauen. Wahnsinns Sound, hübsche Mädchen, leckere Cocktails und total angesagt. Torsten könne ja allein kommen, fügen sie noch mit mitleidigem Blick auf unsere Kinder hinzu. Überhaupt würden sie gar nicht verstehen, was wir hier wollten, wir gehören doch eher nach Koh Lanta. Soso.

Auch heute versteckt sich die Sonne hinter einer dicken Wolkendecke, die damit droht, sich jederzeit über uns zu ergießen. Auf dem Weg bringen wir unsere Wäsche in die Wäscherei, vielmehr in eine Tourist-Info, die mit Schmutzwäsche einen Nebenerwerb betreibt. Am vermeintlich unspektakulären Gastropod Fossil Beach parken heute nur wenige Fahrzeuge, ausgelegt ist der große Parkplatz für ein Vielfaches an Besuchern. Der Fossilstrand selbst ist eine flache Felsbank am Ufer, gebildet aus kleinen, versteinerten bis zu 75 Millionen Jahre alten Schnecken. Beeindruckend, wenn man bedenkt, dass es weltweit nur drei solcher Plätze gibt. Weniger beeindruckend ist (für uns) die Tatsache, dass man lediglich bei Ebbe die Fossilien in ihrer ganzen Pracht bewundern kann. Gelohnt hat sich die Fahrt trotzdem, denn landschaftlich ist diese Gegend mit dem Blick auf die vorgelagerten Inseln überwältigend. Auf der Straße zurück nach Ao Nang besuchen wir die Fish Farm. Auf der Karte steht „Marine animal breeding station“, am Eingang „Krabi Coastal fisheries research and Development Center“. Same same. Die Anlage besteht aus mehreren großen Fischteichen sowie einer offenen Halle, in denen zahlreiche Aquarien aufgebaut sind. Der Eintritt ist frei. Nachdem wir dicke Barsche, einen Stachelrochen und zwei Katzenhaie unter der Algendecke des Teiches entdeckt haben, flüchten wir in die Halle. Na klar, es regnet wieder. Die Aquarien sind allesamt klein und verdreckt, hier und da schwimmen Anemonenfische (ohne Anemone). Auf diese hat sich das Forschungs-Center spezialisiert. Sieben Nemo-Arten konnten bereits in der staatlichen Einrichtung reproduziert werden.

Vier Wassertanks sind in den Boden gelassen, in denen Schildkröten und ein paar tote Fische zwischen hineingeworfenem Müll und auf den Boden gesunkene Münzen schwimmen. Ich bezweifle ernsthaft, dass es Glück bringt, Schildkröten mit Kleingeld zu bewerfen. Aber beim Anblick des glitzernden Beckenbodens muss ich mich irren. Diese Anlage ist einer der traurigsten und seltsamsten Orte, die ich seit langem aufgesucht habe. Jetzt mag man an dieser Stelle vielleicht einen eindeutigen Anti-Tipp erwarten, aber das Gegenteil ist der Fall. Der Besuch hat uns nachhaltig beeindruckt. Lange nach der Rückkehr werden wir über die Krabi Fish Farm in allen Details sprechen und mutmaßen, wie es der kleinen Schildkröte wohl geht, die ohne Hinterbeine von ihren Artgenossen „huckepack“ genommen worden ist. Und lange nach der Rückkehr freuen wir uns darüber, dass ein lokaler Ausflugsanbieter Touren zum Säubern der Fish Farm anbietet. Hoffentlich fließen ihr zukünftig mehr touristische Einnahmen zu. Und nicht nur in Form von Münzen im Schildkrötenbecken.

Zurück in Ao Nang, flanieren wir die imposante Bucht entlang, bis wir an der südlichen Seite zum „The Last Fisherman“ gelangen, einer hinter einem Holz-Verschlag versteckten Ansammlung an Bars, Restaurants und mindestens zwanzig Massage-Pavillons. Und mit Ansammlung meine ich wirklich Ansammlung. Für 200 Baht (5 Euro) pro Stunde lassen sich Urlauber in Reih und Glied durchkneten. Der Strandabschnitt ist zugemüllt und dank der beständig vorbei knatternden Longtail-Boote laut, während sich das Publikum, das wir heute antreffen,

mit rot gebrannten Rücken und ihren Wraps, Burgers, Sandwiches und was die westliche Fast Food Karte noch so alles hergibt als weltoffen ausgibt.
Ein Paradies ... für Menschen, die nicht gern allein sind. Zu viel Exotik kann scheinbar auch Angst machen.

Fischfutter

Schon wieder ergreife ich die nächste sich bietende Gelegenheit. Als Johann nach dem Frühstück müde wird, nehme ich Carl mit zu Ahms kleinem Massagesalon. Denn wie könnte frau die Zeit besser nutzen als ... mit einer Fußmassage! Ahm freut sich, als sie uns sieht, hat doch unser letzter Plausch maßgeblich zur Kundenbindung beigetragen. Während sich mein Sohn gedanklich in seinem Hörbuch verliert, werden jeder Quadratmillimeter meiner Füße und Beine bearbeitet. Ja, genau. Arbeit ist es. Ahm drückt, knetet, piekt, schrubbelt und haut leidenschaftlich zu. Mein Sohn beobachtet sie mit weit aufgerissenen Augen. „Mama," fragt er mehrmals, „tut das weh?". Ich bin hochkonzentriert, da sich Ahms Berührungen genau an der Grenze zwischen herrlich-angenehm-noch-niedagewesen und schmerzhaft befinden. Als sie fertig ist, fühlen sich meine unteren Extremitäten nicht mehr wie Füße an. Eher wie Holzstämme. Oder Rohre. Auf dem Weg zum Auto gehe ich wie auf Eiern. Oder auf Federn. Großartig.

Der Weg zum Tupkaek Beach dauert etwa 30 Minuten und führt durch üppige Vegetation, vorbei an riesengroßen Karstfelsen. Die Beschilderung ist nicht immer eindeutig und Johann auf meinem Schoß dabei, die Straßenkarte der Krabi-Region in viele kleine Stücke zu reißen. Vor diesem Hintergrund ist zweimaliges Verfahren eine zufriedenstellende Leistung.
An unserem Ziel endet die Straße. Der 1,5 Kilometer lange Strand wird von vier Resorts eingenommen, die sich nahtlos in den Strandbewuchs einfügen. Es gibt kein Touristendorf und keine Shops, Restaurants nur in den Hotelanlagen. Songthaews fahren diesen Strand nicht an, selten knattert ein Longtail-Boot vorbei. Der Tupkaek Beach ist Territorium der gehobenen bis Luxusklasse, die kleinen Boutique-Hotels ausgelegt auf ruhesuchende Gäste mit Kaufkraft. Die Szenerie hat Postkartenformat, das Ao Nang Touri-Getöse scheint weit entfernt. Paradiesische Ruhe, wildromantischer Strand, feiner Sand, kristallklares Wasser und Blick auf die nahe Koh Hong Inselgruppe machen diesen Ort vollkommen.
Der Monsun spült uns in das Restaurant des Tupkaek Hotels. Zeit zum Mittagessen (mit anschließender Hotelbesichtigung, versteht sich), entscheidet er und gießt dabei aus Kübeln. Das Restaurant ist am Strand unter hohen Bäumen, auf verzweigten Holzstegen über einem Koi-Karpfen-Teich gebaut. Das Mobiliar ist chic, die Bedienung aufmerksam, das Essen teuer und grandios lecker. Carl bekommt eine Schale Fischfutter und hat großen Spaß daran, die Kois zu füttern,

während wir unsere Blicke auf das im Dunst schimmernde Meer schweifen lassen. Harmonie vor stilvoller Kulisse! Auf dem Festland in der Region Krabi scheint Ruhe entweder teuer oder schwer zugänglich zu sein. Eines ist trotzdem sicher: wir werden die Region noch einmal besuchen. Eine derart spektakuläre Landschaft müssen wir uns ohne Regen und vom Wasser aus anschauen. Außerhalb der sechsmonatigen Regenzeit. Zusammen mit 2,5 Millionen Touristen jährlich.

No have

Liem ist als Bellboy im Hotel Sala Talay angestellt. Lange wird es so nicht mehr heißen, erklärt er, es laufen alle Vorbereitungen, um in der nächsten Woche ein Holiday Inn Resort zu werden. Der koreanische Inhaber, der übrigens auch das benachbarte Seafood Restaurant betreibe, habe entschlossen, sich als Franchise-Nehmer einer bekannten Hotelkette anzuschließen. Daher auch die Erweiterung der Bettenkapazitäten, sprich Großbaustelle. Sympathisch ist er mir mit seinem freundlichem Gesicht. Wir haben schon in den letzten Tagen viel zusammen gelacht. Als Bellboy steht er vor dem Parkplatz, als Barkeeper huscht er schnell hinter den Tresen. Je nachdem, wo er gebraucht wird. Oder wozu er Lust hat. Auch heute Morgen hilft er, Koffer, Rucksäcke, Kinderwagen, Windelpakete sowie Taschen mit Wegzehrung für die kommenden 148 Kilometer im Auto zu verstauen. Während Torsten aus-checkt, blödelt Liem mit Carl herum, tanzt mit Johann auf dem Arm über den Parkplatz. Letzte Handgriffe ans Pack-Konzept angelegt. Getränke nach vorne, Spielzeug nach hinten. Haben wir alles? Mit tiefem wai schließt Liem die Türen. Wir wai-en zurück und lächeln um die Wette. Er entfernt sich ein paar Meter vom Auto, damit Torsten zurücksetzen kann, lächelt immer noch. „You come back, eh?“ Motor starten. Klima-Anlage einstellen. „Bye! Thank you! See you again!“ Rückwärtsgang einlegen. Mit geschulten Bewegungen winkt Liem uns aus der Parklücke. Wir fahren zurück. „Ok, ok, ok“ hören wir durch die Scheiben. Seine ausladenden Armbewegungen zeigen an, dass alles frei ist. Dann kracht es.

Es vergehen Sekunden, bevor wir realisieren. Nach dem ersten Check, ob alle Insassen gesund und munter sind (ja, sind sie), steigt Torsten aus. Wir sind gegen einen Beton-Pfeiler gefahren, und anhand des scheppernden Geräuschpegels muss das gesamte Heck des Mini-Autos abgefallen sein. Warum winkt er uns denn weiter, wenn da ein Pfeiler steht? Mein Mann brodelt innerlich, nein, er kocht! Oh oh, gleich wird er platzen! Aber was ist das? Ich traue meinen Augen nicht, seine Mundwinkel zeigen nach oben! Seine sprachliche Ausdrucksweise hat er allerdings nicht im Griff: „Why the hell...?“ Mehr verstehe ich nicht. Liem steht indes da, unbeeindruckt weiterlächelnd, lediglich unterbrochen von einem gesungenen „Ohh. Just little bit“. Torsten steigt schnell wieder ein. „Lass uns fahren", raunt er mir zu. Bei einem Auto-Unfall in Thailand hat nämlich meist derjenige Schuld, der die bessere Versicherung hat. Nach wenigen Kilometern geht unser Schimpfen in Verwunderung und dann in Gelächter über. Warum haben wir uns auf Liem verlassen? Warum hat er sich heute nicht an die Bar gestellt!

Unser Weg führt nach Norden, zunächst Richtung Phang Nga, durch eindrucksvolle Felsenlandschaft, kleine bis mittlere Ortschaften. Hier ist Farangfreie Zone, zumindest wirkt es so. Wir steuern eine kleine Tankstelle an, an der uns eine junge Frau mit breiter Zahnlücke entgegenkommt. Bevor sie ihren Tankrüssel versenkt, klären wir die Zahlungsmöglichkeiten. „Do you accept credit cards?" – „Yes." Ihre Miene ist wie versteinert. Wir starren uns an. Ok, neuer Versuch: „Credit cards possible? – „Yes.", sagt sie ausdruckslos. Stille. Aber das muss funktionieren: „Credit card no have?" Ihre Mimik verändert sich, bis sie so breit lächelt, dass wir durch ihre Zahnlücke hindurch sehen können. „No have."
Nach kurzweiligen zwei Stunden passieren wir die 660 Meter lange Sarasin-Brücke, die das Festland mit Koh Phuket verbindet. Der Flughafen ist im Nordwesten der Insel gelegen. Weil wir viel zu früh dran sind, fahren wir weiter zum Nai Yang Beach. Hier, zwei Kilometer vom Flughafen entfernt, liegt das Hotel, in dem wir auf der Rückreise übernachten werden. Es ist ein naturbelassener, sauberer, öffentlicher Badestrand mit riesigen, Schatten spendenden Kasuarinen sowie wenigen Hotels, Restaurants und Shops. Ein Teil der Bucht ist in den Had Sirinath Marine National Park einbezogen, der einen schmalen Küstenstreifen und das Meer entlang der Nordwestküste umfasst. Am breiten Strand herrscht entspannte Stimmung. Vereinzelte Bambus-Strandhütten, bestehend aus zwei überdachten Bänken und einem Tisch in der Mitte, sind von Thai-Gruppen besetzt. Als uns der Geruch gegrillten Seafoods in die Nase steigt, besuchen wir mit gesteigerter Speichelproduktion das provisorisch anmutende Restaurant. Das Essen ist überragend! Fantastisch frischer Tintenfisch, geschmackvolle Soßen, ein richtiger Geheimtipp. Zubereitet wird es einer mit Palmenwedeln gedeckten Hütte. Strom braucht man nicht, gegrillt wird auf Kohle. Fließendes Wasser auch nicht, abgewaschen wird in zwei schwarzen Eimern. Und wer ein Klo braucht, nimmt das große. Zumindest macht uns ein Thai vom Nachbartisch vor, wie es geht: über den Strand gehen, bis zum Bauchnabel ins Wasser waten, ins Meer schauen, Hose hoch und mit unbeteiligtem Blick wieder rauskommen.

Auf dem Flughafengelände parken die Autos in Dreier-Reihen. Auf den ersten Blick herrscht Chaos, auf den zweiten ein ausgeklügeltes Park-Konzept des „stacked parkings". Stellt man sich in Reihe zwei bis drei, nimmt man den Gang heraus, so dass das eigene Auto schnell beiseite geschoben werden und das Reihe-Eins-Auto ausparken kann. Nach hundert Runden haben wir Parkglück, sogar in der ersten Reihe.
Bekanntes Prozedere: Check-In am Automaten, Donuts essen, Security Check, Boarding Time. Es ist acht Uhr, den Kindern fallen die Augen zu. Nach 597 Ki-

lometern und zwei Stunden Flugzeit haben wir Schwierigkeiten, Carl wieder zu wecken. Während Torsten ihn zum Verlassen des Flugzeugs animiert, stehe ich schon in der Gangway, geduldig auf den Kinderwagen wartend. Als die Stewardess die Tür nach draußen öffnet, um mir den Buggy zu übergeben, bekomme ich eiskalte Füße und einen großen Schreck. Warum ist es hier so kühl? Habe ich etwas in unserer spontanen Reiseplanung übersehen? Müssen wir morgen Jacken und Pullover kaufen? Vorsichtshalber wickle ich die Jungs in meine Schals ein. Denn was das Handtuch für Arthur Dent in „Per Anhalter durch die Galaxis" bedeutet, sind für mich zwei große Pashmina-Schals. Ich habe sie fast immer dabei. Auch in den Tropen. Schräg, oder? Vor dem Flughafengebäude atme ich erleichtert auf. Es sind trockene 25 Grad, als wir mit dem Taxi ins 15 Minuten entfernte Hotel fahren. In Nordthailand gibt es drei Jahreszeiten: die kühle Jahreszeit von November bis Februar, die heiße Jahreszeit von März bis Mai und die Regenzeit von Juni bis Oktober. Kühl heißt, dass es auch mal um die 20 Grad werden kann. Chiang Mai selbst liegt am Fuße des 1.685 Meter hohen Doi Pui. Die Stadt ist umgeben von bewaldeten Gebirgsketten, Dschungelgebieten und Flüssen, es ist eine der malerischsten Landschaften in ganz Thailand. Naturgemäß sehen wir heute Abend nicht viel davon.
Uns erwartet ein zehnstöckiges Stadthotel an einer vierspurigen Straße, vor dessen Eingang weiße Plastik-Skulpturen in einem zwei Zentimeter tiefen Teich stehen. Rubens hätte bestimmt Gefallen an ihnen gefunden. Das Design im Inneren ist schrill, dennoch charmant. „Smart Budget" heißt die Devise in dieser Kategorie: spartanisch, chic, ohne Schnickschnack. Und ohne Firlefanz, Gedöns und Kladderradatsch schlafen wir in Chiang Mai ein.

Monk chat

Blauer, wolkenloser Himmel, was für ein Kontrastprogramm zu den letzten Tagen!
20 Baht (0,50 Euro) verlangt der Songthaew-Fahrer für die Strecke ins City Center, bevor er uns einsteigen lässt. Nach fünf Minuten hält er erneut, dann klopft er gegen seine Scheibe. Zunächst fühlen wir uns gar nicht angesprochen, schließlich wollen wir ja in die Innenstadt und befinden uns noch auf derselben sechsspurigen Ausfallstraße, der Huai Kaew Road, an der auch das Hotel liegt. „City Center, eh!" schreit er uns vom Fahrerhaus zu. Unsere Blicke folgen seinem ausgestreckten Zeigefinder zu einem Gebäudekomplex, an dem „CHIANG MAI CITY CENTER" prangt. Ein einfallsreicher Name für eine Shopping Mall. Warum weiß ich nicht, aber wir steigen aus. Unser Fehler, schließlich war unser angegebenes Fahrtziel „City Center" nicht eindeutig. Oder eben doch, wir sind ja schließlich angekommen. Der Blick auf den Stadtplan verrät, dass es zum alten Stadtkern nicht weit ist. Zu Fuß steuern wir die antike Stadtmauer mit dem paral-

lel dazu verlaufenen Wassergraben an, die das viereckige Areal umgibt. Aber wie kommen wir über die Straße? Da hinten ist eine Fußgängerampel, kommt, den Weg schaffen wir noch! Schweißgebadet begutachten wir den Halteknopf der Ampel. Als Carl ihn betätigt, fällt er ab.
Auf der Flucht vor dem Verkehrslärm besuchen wir einen auf unserer Straßenseite gelegenen Tempel. Es ist der Wat Lok Molee, im Jahre 1367 zum ersten Mal urkundlich erwähnt.

Chedi des Wat Lok Molee

Kunstvoll verzierte Holzgebäude sind um einen steinernen Chedi arrangiert, um dessen Sockel ein safrangelbes Tuch gewickelt ist. Es ist übersät von Buchstaben und Schriftzeichen aller Art. Stifte laden dazu ein, seine Wünsche auf ein weiteres Tuch nieder zu schreiben, das später ebenfalls um den Chedi gewickelt werden soll. Nahe der Chedi-Spitze thront eine schwarze Buddha-Statue, die von Tempelbesuchern regelmäßig geduscht wird. Es bringe nämlich immens viel good luck, good luck, good luck, wenn man einen an einer Schnur befestigten, goldenen Drachen mit Wasser fülle, ihn mit der Schnur am Chedi hochziehe und den schwarzen Buddha damit übergieße, erklären zwei Briten. Auf unserem Rückweg hantieren sie immer noch mit der Schnur und dem goldenen Drachen herum. Der hat sich nämlich mit dem Buddha verhakt, und die Mönche strömen herbei, um ihn zu retten.
Gerettet werden wir von einem Sammeltaxi, das uns am Straßenrand aufliest, um dieselbe zu überqueren. Am Gate Thaipee abgesetzt, geht es zu Fuß in den Alt-

stadtbereich hinein. Ein- bis zweistöckige, alte Teakholz- und neue Betonhäuser reihen sich aneinander, Apotheken, Reisebüros mit Schwerpunkt auf Trecking-Touren und an jeder Straßenecke ein Tempel. 200 sind es insgesamt, viele davon in der Altstadt. Zahlreiche Mönche sind unterwegs. Heute ist ein Nationalfeiertag, in den Tempeln laufen die Vorbereitungen für die abendlichen Festivitäten zu Ehren Königs Chulalongkorns, besser bekannt als Rama V. Er war der Großvater des derzeit regierenden Königs, seiner Majestät König Bhumibol Adulyadej. Chulanlongkorn ist heute noch einer der beliebtesten Könige, da er während seiner Regierungszeit zwischen 1868 und 1910 große Erfolge, zum Beispiel in den Bereichen Bildung, Modernisierung des staatlichen Verwaltungsapparates und Infrastruktur, verzeichnen konnte. Er beendete die im Land verbreitete Sklaverei unblutig (bis dahin waren ein Drittel der thailändischen Bevölkerung Sklaven) und bewahrte das Land vor Kolonialisierung, so dass Thailand bis heute das einzige Land Südostasiens ist, dass nie kolonialisiert wurde.

Nach einem fantastischem Essen im Hot Chili Restaurant (der Name hat mich magisch angezogen), spazieren wir durch das lässige Gemisch aus Einwohnern und Backpackern von einer eindrucksvollen Tempelanlage zur nächsten, noch eindrucksvolleren Tempelanlage. Besonders gefällt mir Wat Chiang Man mit seinem auf steinernen Elefanten ruhenden Chedis, während Carls Favorit eindeutig Wat Chedi Luang ist. In dem mit goldenen Säulen umrahmten Ubosot sitzen etwa dreißig Mönche und hören einem älteren zu, der vor ihnen, neben einer großen goldenen Buddha-Statue, einen eintönigen Sing-Sang in ein Mikrofon rezitiert. Wir setzen uns zu den der Zeremonie beiwohnenden Gläubigen, hinter die Mönche. Dabei achten wir darauf, dass unsere Füße weder auf einen Buddha, noch auf einen Anwesenden zeigen, da dies als große Beleidigung angesehen wird. Füße sind in Thailand der niedrigste Körperteil, sie gelten als unrein.

Auf dem Gelände befinden sich neben einer buddhistischen Universität im Schatten angeordnete Sitzgruppen, an denen zwei Mönche einsam warten. Ein Plakat zeigt an, worauf sie warten: „Welcome to Monk Chat Program. Drop in and chat with us about Buddhism, Monk's life, Thai culture and anything. Don't just stand looking from afar and walk away. Open every day from 9.00 am to 6.00 pm". Wir fühlen uns angesprochen, setzen uns unbeholfen zu einem dunkelhäutigen, kurzhaarigen jungen Mann in safrangelber Mönchsrobe, dessen Lächeln mindestens 50 schiefe Zähne in jedem Kiefer offenbart. Er heiße Drahtseil (auch nach mehrmaligem Nachfragen klingt es so) und freue sich sehr, dass wir zum Plaudern kommen. Er sei aus Kambodscha, 27 Jahre alt und seit elf Jahren Mönch. Tagtäglich arbeite er hart an seinem großen Traum, denn Drahtseil wolle Englisch-Lehrer werden. Deshalb sitze er auch in jeder freien Minute im Monk Chat. Zum Üben. Er spricht langsam, immer wieder grinsend, unverständlich und mit wilder Grammatik. Einen langen Weg hat er noch vor sich, aber das sagen wir ihm natürlich nicht. Das Studium sei sehr teuer, berichtet er weiter, er beende derzeit das dritte von vier Bachelor-Jahren und wolle auf jeden Fall seinen Master-Abschluss machen. Die finanzielle Lage scheint aussichtslos, leisten könne er oder seine Familie sich die weitere Ausbildung nicht. Dann sagt er mit funkelnden Augen: „No know how I do, but I will. I be English teacher. I will. One day." Dann können wir seine Zähne zählen. Drahtseil meint es faszinierend ernst. Als wir uns nach zwei Stunden verabschieden, haben wir nicht nur Kenntnis über das Mönch-sein, sondern auch Drahtseils Pidgin-Akzent im Ohr. Was für eine großartige Erfahrung, ihn getroffen zu haben.

Wir lassen uns weitertreiben, bis wir abschließend im Wat Phra Singh landen, gegründet im Jahr 1345. Es dämmert bereits, und die Gebetszeremonien zum Anlass des Nationalfeiertags beginnen in Kürze. Während sich Familien mit Blumen und Holzstäbchen, an deren Ende Geldscheine gefaltet sind, den großen und kleinen Gebäuden auf dem Tempel nähern, sitzen vereinzelte Mönche in Meditationshaltung. Regungslos, im Schneidersitz, mit halb geöffneten Augen starren sie gespenstisch in die Ferne. Oder in die Nähe. Mit offenem Mund blickt Carl die starren Mönche an und fragt flüsternd, ob man sie nun mit Blattgold bekleben könne. Wenn ich es nicht besser wüsste, würde auch ich ins Grübeln kommen, ob die Herren vor uns „echt" sind. Minutenlang beobachte ich jeden einzelnen, die Stille, die sie ausstrahlen, ist berauschend.

Nach dem Besuch des Writers Club & Restaurant lösen wir ein Versprechen ein, indem wir mit einem TukTuk zurück ins Hotel fahren. Während Carl und Johann auf der schmalen Sitzbank zwischen uns jauchzen, versuchen wir, die Luft 15 Minuten lang anzuhalten. Der Fahrer stimmt in das Gelächter der Jungs ein. Durch seinen Atemschutz hindurch.

Wat-Wandern

Das Hotelfrühstück ist auf asiatische Sinne abgestimmt. Der kleine Raum ist kalt, bunt und der Fernseher läuft, während warme Gerichte wie gebratenes Gemüse und Reis angeboten werden. Auf meinem Teller liegen braune Bälle mit Mini-Maiskolben, pinkfarbene Nudeln mit Sprossen und ein Gebäck mit giftgrüner Sauce. Nach dem ersten Bissen brauche ich Milch. Viel Milch, so scharf ist es. Als meine Tränen getrocknet sind, schmeckt es ganz gut.

An der Ausfallstraße Richtung Doi Suthep befindet sich die Chiang Mai University, eine der sieben Universitäten der Stadt. Wir gehen noch weiter, bis zu einer provisorischen Sammeltaxen-Haltestelle, bestehend aus einem Pappschild mit Holzbank. Einer der Fahrer bittet uns, zu warten. Die einfache Fahrt zum Doi Suthep, den 1.080 Meter hohen Hausberg, koste 40 Baht (1,00 Euro) pro Person, allerdings müssen mindestens zehn Personen zusammen kommen. Nach 45 Minuten sind wir zu fünft und werden ungeduldig. Amy, eine australische Chinesin, Mitte 20, mit weißer Rüschenbluse und langem roten Rock, nimmt die Sache in die Hand, indem sie einen Spezialpreis für die kleine Gruppe verhandelt. Los geht es. Nach den ersten Serpentinen wird mir speiübel. Langsam atmen. Horizont suchen. Ahhhh-tmen. Ich habe keine Augen für die ersten Ausblicke auf die Stadt oder die kleinen Wasserfälle entlang der Strecke. Und schon gar keine Ohren für Amy, die uns ohne Punkt und Komma mit Fragen löchert, nachdem sie ihre Lebensgeschichte erzählt hat. Nach 15 Kilometern ist es überstanden, und insgeheim bin ich froh über die Ablenkung durch die chinesische Übermacht.

Die Glockengeräusche vertreiben böse Geister

Die Zahnradbahn fährt zum Wahrzeichen Chiang Mais, genauer gesagt zum Wat Phra That Doi Suthep. Amy hingegen nimmt, immer noch palavernd, mit ihrem anscheinend stummen Reisebegleiter die 290, jeweils von einer Naga flankierten, Stufen in Angriff. Am Tempel erstmal Schuhe ausziehen und den goldenen Chedi anschauen, der gerade von zehn Gläubigen mit gefalteten Händen im Gänsemarsch umrundet wird. Nach einer Legende wurde er 1383 unter König Guena erbaut. Der König hatte den ceylonesichen Mönch Sumana eingeladen, damit er die Lehre des Theravada-Buddhismus im Königreich Lanna verbreite. Als Gastgeschenk brachte Sumana eine Reliquie mit. Sie spaltete sich jedoch in zwei Teile, als sie im Wat Suan Dok einen Platz erhalten sollte. Also befestigte man die zweite Hälfte auf dem Rücken eines weißen Elefanten, der in die Berge hinaufmarschierte, bis an die heutige Stelle des Doi Suthep. Der heilige Platz war gefunden und die Tempelanlage dort errichtet. Die Buddha-Reliquie befindet sich im Inneren des goldenen Chedi und zieht buddhistische Pilger aus aller Welt an.

Für diesen Tempel braucht man Zeit. Wir lassen die spektakuläre Aussicht über die Stadt und die umliegende Landschaft auf uns wirken, verscheuchen durch das Schlagen der Glocken böse Geister und schauen alle Details, die Statuen, die Opferstellen, die Malereien im Tempelinneren, an.

Begegnung

Auch Johann darf an beiden Händen auf dem Fliesenboden „Wat-Wandern". In einem der zahlreichen Räume sitzt ein Mönch auf einer hölzernen Empore. Gebückt und mit gesenktem Kopf nähern wir uns, knien vor ihm nieder, bis er losbrummelt. Nach einigen Versen nimmt er einen Handbesen aus Reisig, taucht ihn in eine Wasserschale und bespritzt unsere Köpfe damit. Als Carl ihn mit großen Augen anschaut, bekommt er noch eine extra Portion Spritzwasser, zusammen mit einem gebrummelten „Happy happy happy" und einem schiefen Lächeln.
Auch auf der Tempeltoilette heißt es: Schuhe ausziehen. In einem Vorraum darf man diese in praktische Kloschuhe eintauschen, also Plastik-Flip-Flops, in denen schon viele andere Fußpilz-Trägerinnen vor mir die Toilette besucht haben. Das stille Tempel-Örtchen ist gepflegt. Ich bin trotzdem froh, nach dem Geschäft wieder in meine eigenen Sandalen schlüpfen zu dürfen.

Der Nightmarket ist nahe des eigentlichen Stadtzentrums, zwischen Gate Thaipee und Ping Fluss, an der Chang Klan Road, gelegen. Dafür, dass er nach Meinung einschlägiger Reiseliteratur an Glanz und Zuspruch verloren haben soll, ist am heutigen Abend ganz schön viel los. Urlauber, hauptsächlich westlicher Herkunft, schlängeln sich durch die Fußgängerwege, auf denen die Verkaufsstände aufgebaut sind. Nach wenigen Metern hat man sie alle gesehen, die angebotenen Waren: Plagiat-Uhren, Plagiat-Schuhe, Plagiat-Trikots, Plagiat-Handtaschen, Plagiat-Reisetaschen und -koffer, Plagiat-Jeans, Plagiat-Shirts, Plagiat-Unterhosen, Plagiat-Parfüm, Plagiat-Gürtel, Plagiat-Sonnenbrillen, Plagiat-Ton- und Datenträger, Plagiat-Gadgets, Plagiat-Medikamente, „neue“ Antiquitäten, Hüllen von Ipod, Iphone und Co., Flip-Flops, Klangfrösche, Buddha-, Elefanten- und sonstige Figuren, Kissenhüllen, Holzspielzeug, Seidenschals, Platz-Sets und Seifenblumen. Cheap cheap. Can discount. How much you pay? Oh, gimme more. Little bit more. Kap.

Ganz und gar nicht wie im Porzellanladen

Pünktlich um 8:00 Uhr warten wir in der Hotel-Lobby auf den Mini-Bus, der uns zur Touri-Tour abholen wird, um 9:40 Uhr dürfen wir auf die Rückbank des vollbesetzten Fahrzeugs klettern. Mit uns fahren drei ukrainisch-stämmige Amerikaner, vier Chinesen und zwei Bahreinis auf Hochzeitsreise ins Mae Sa Valley. Der thailändische Tour Guide Pino unterhält die Insassen mit einstudierten Witzen a la „If you forget my name, I forget your lunch“, wobei er selbst am lautesten lacht. Nach einer Stunde Fahrt finden wir heraus, dass noch mehr Menschen auf die Idee gekommen sind, das Mae Tang Elefanten-Camp zu besuchen. Dieser Ort ist eine Erlebnis-Fabrik. In Erwartung des folgenden Nervenkitzels begeben wir uns auf das Fließband. Erste Station: Fahrt mit dem Ochsenkarren. Carl darf sich neben den Ochsen-Kutscher setzen, während er durch ein friedliches, grünes Tal mit endlosen Reisfeldern lenkt, dabei unentwegt wie Bert aus der Sesamstraße kichert. Nicht weit vor uns ist der Vorder-Ochsenkarren, gefolgt werden wir vom Hinter-Ochsenkarren. Ich suche das Seil am Boden, dass alle im Kreis zieht.

Am Endpunkt dann Station zwei: Elefantenritt. Auf einem Elefantensattel nehmen Johann und ich Platz, auf dem anderen reiten Carl und Torsten. Der Mahut meines Elefanten hat es eilig, er überholt alle anderen Tiere unserer Gruppe und führt den sanften Riesen zum Fluss. Was für ein ausladendes, unfassbar behutsames Schaukeln! Obwohl Johann eben erst aufgewacht ist, döst er erneut ein. An steilen Hängen muss ich mich festhalten, damit wir nicht vom Sitz herunterrutschen. Ich hätte nie gedacht, dass die Tiere so vorsichtig gehen können. Die Redewendung „Elefant im Porzellanladen“ ist ganz und gar nicht gerechtfertigt. Nach zehn Minuten sind wir allein, kein Menschen und kein Dickhäuter in Sichtweite. Am Fluss lässt der Mahut das Tier ins Wasser gleiten. Mit vorsichtigen Schritten watet er hindurch, den Rüssel weit nach oben gestreckt. Es ist ein tolles Gefühl und ein einmaliges Geräusch des friedvoll fließenden Flusses sowie den leisen Bewegungen des Elefanten darin.

Als wir bei der dritten Station ankommen, sehe ich auch Torsten und Carl durch den Fluss reiten, allerdings noch in weiter Ferne. Bei ihrer Ankunft wirken sie gestresst. Carl berichtet mir aufgeregt, dass ihr Elefant nicht gehen wollte, aus diesem Grund vom Mahut pausenlos geschlagen worden ist. Elefantenreiten? Nie wieder, da ist er sich sicher.

Fliegender Wechsel, dann zieht die Karawane weiter

Dann schauen wir mal, ob die folgende Bade-Show meinen Sohn wieder aufheitern kann. Über dem Fluss stehen Dutzende Besucher auf einer Plattform, während sie zwei Tiere bei ihrer Morgentoilette betrachten. Als sie die Gaffer nass spritzen, laufen 1.500 Chinesen rücksichtslos, mit affektiertem Geschrei zurück, so dass Carl in den Dreck fällt und Torsten eine Kamera im Auge stecken hat.
Vierte Station: Elefanten-Show. Es wird demonstriert, was die Tiere gewöhnlich tun: Fußballspielen, Malen, Parade und natürlich immer wieder die obligatorische Verbeugung zum Applaus.

Fünfte Station: Mittagessen. Am Buffet drängeln sich 15.000 Chinesen um die Frühlingsrollen und gebratenen Nudeln. „Der Vorteil ist“, sagt Torsten, als er mit gefüllten Teller wiederkommt, „dass alle so klein sind.“ So könne man alles überblicken und jede Lücke in Windeseile ausnutzen. Die Chinesen sind allerdings schon fertig, als wir den ersten Bissen schlucken.

Auf zu Station Nummer sechs: Bambusfloß-Rafting. Acht Menschen dürfen auf Holzkisten Platz nehmen, die auf einem wackeligen Bambusfloß platziert sind. Bewaffnet mit einer langen Bambusstange, lenkt Tong vier Kilometer flussabwärts. Unterbrochen wird die Stille der grünen Berge nur durch die schnatternden Chinesen auf unserem Floß. Irgendwann schläft mein Hintern ein und ich freue mich darauf, am Ende des Fließbands als abenteuergesättigtes Produkt fertiggestellt zu sein.

Pino setzt noch einen drauf und zeigt die Mae Rim Orchideen- und Schmetterlingsfarm. Auch wenn die Anlage schnell umrundet ist, gefällt sie uns gut. Ich mag Orchideen, Torsten mag bunte Schmetterlinge und Carl mag es, sich frei bewegen zu können. Die Anlage ist allerdings schnell umrundet. Im Feierabend-Verkehrskollaps resümieren wir, dass der heutige Tag eine interessante Erfahrung gewesen ist, deren Wiederholung keiner zwingenden Notwendigkeit bedarf.
Bei unserer abendlichen Ankunft im Hotel haben vier einsam wirkende Angestellte neben den Fahrstühlen einen Tisch mit Spirituosen aufgebaut. „Happy Hour", grinsen sie uns von weitem entgegen. Eine halbe Stunde später sitzen wir im Hotelbett zwischen zwei schnorchelnden Mini-Farangs. Im Dunkeln und leise, ganz leise, testen wir die Fahrstuhl-Mojitos. Erwachsen sein ist schön!

Pinky mag pink

15 Kilometer südlich von Chiang Mai liegt Ban Tawai, eines der vielen Handicraft Villages. Die Region Chiang Mai wird auch heute noch ihrem traditionellen Ruf als Zentrum der Handwerkskunst gerecht. Sie ist die erste Adresse für Produkte aus Seide, Wolle, Silber, Keramik, Holz, Korbgeflecht und vielem mehr. Dream, eine Rezeptionistin mit riesiger Zahnspange, ruft ein Taxi. Während wir warten, läuft Johann an meiner Hand durch die bunte Lobby, bis schließlich ein schwarzer Mittelklasse-Chevrolet älteren Baujahrs vorfährt. Der Anblick des Innenraums lässt uns schmunzeln. Er ist genauso gammlig wie das Äußere, aber mit vielen Details liebevoll aufgepeppt. Pretty. In pink. Es gibt Raumspray aus einem pinkfarbenen Fläschchen, pinkfarbene Blümchen, pinkfarbene Nackenkissen und pinkfarbene Taschenhalter. Und der Fahrer, ein junger Mann mit gegelten Haaren und bis zum Bauch aufgeknöpften Oberteil, trägt passenderweise zu einer hautengen Jeans ein pinkfarbenes Hemd. Als Carl fragt: „Wuatt isch ju näm?" antwortet er natürlich: „Pinky".

Es scheint keine klare Abgrenzung zwischen der Stadt Chiang Mai und den benachbarten Orten zu geben. Auf der Fahrt werde ich von Johann beschäftigt, der großen Gefallen an elektrischen Fensterhebern, meiner Sonnenbrille sowie Pinkys pinkfarbenen Hello-Kitty-Kopfstützen hat. Nach einer halben Stunde tauchen die ersten Holzmanufakturen am Straßenrand auf. Draussen sind Tischgruppen, Liegestühle, Betten und Schränke aufgebaut, während im Inneren gear-

beitet wird. Zunächst sind es nur vereinzelte Läden, nach ein paar Blocks säumt eine Manufaktur die andere. Kilometerlang. Und in allen Stilrichtungen – von traditionellem Thai-Stil bis hin zu puristischer Moderne.
Pinky parkt an einer mit Sonnenschutz-Plane überspannten Straße. Jetzt geht es zu Fuß weiter. So, Tante Visa und Onkel Amex, jetzt kommt Euer Auftritt. Als Pinky zwei Stunden Shopping-Zeit anbietet, schlägt Torsten sofort zu. Aus meiner Sicht ist die deutsch-thailändische Testosteron-Solidarität hier gar nicht angebracht, ich kontere aber gedanklich mit einem ausgefeilten Shopping-Plan, der jede der folgenden 7.200 Sekunaxden sinnvoll füllt. Bis mein Sohn spricht. „Mama, ich habe Hunger! Können wir etwas essen, bevor wir ins Buddha-Dorf gehen?" Ein tiefer Blick in seine blauen Augen verrät, dass er es ernst meint. Ich seufze tief und ergebe mich.

Schnitzerei

Wir setzen uns an den letzten freien Tisch eines Lokals namens „Restaurant, Manufacture and Resort" (gegessen wird neben der Möbelausstellung, und der Verkaufstresen dient als Rezeption) und fühlen uns doof, als wir mit unseren Getränken in der Hand auf den Parkplatz schauen. Dort wartet Pinky. Zunächst ziert er sich etwas, als wir ihn an unseren Tisch bitten und zum Mittagessen einladen, bestellt dann aber doch einen iced coffee. Pinky sei erst seit drei Tagen in Chiang Mai, berichtet er schüchtern, zuvor habe er in der Nähe Bangkoks gelebt. Da es dort jedoch so viele Taxen gebe, ist der 35-jährige nach Chiang Mai gezogen. Kinder habe er noch keine, aber vielleicht bald. Weiter kommen wir nicht mit der

Plauderei. Sein Englisch gibt eine weitere Konversation nicht her, so dass wir uns nur noch freundlich anlächeln können. Nach dem günstigen (40 Baht pro Gericht, entspricht einem Euro), leckeren Mittagessen habe ich es eilig. Los, Jungs! Auch Pinky fühlt sich angesprochen und trottet neben Torsten, Carl und Johann brav hinter mir her.
Das Handicraft Village ist eine Ansammlung von kleinen Läden, die, aneinander gereiht, Straßen, sogar ein ganzes Dorf bilden. Es wirkt verlassen, außer uns stöbern noch zwei beleibte Mönche durch die Gassen, die eine lebensgroße Buddhastatue nach der anderen inspizieren.

Die meisten Verkäufer sind allerdings nicht nur zum Verkaufen hier. Viele Produkte werden in oder vor den offenen Verkaufszellen hergestellt. Es wird geschnitzt, geklöppelt, gemalt, geklebt, geflochten, gesägt und gehämmert. Mancher lässt Carl ebenfalls Hand anlegen, so dass auch er schnitzt, klöppelt, malt, klebt, flechtet, sägt und hämmert, während ich mit lachendem und weinendem Auge flaniere. Lachend, weil es hier so schön ist. Ich liebe die alten Buddhastatuen, Büsten, Figuren, verzierten Spiegel, Tische, Truhen, Lampen, Gongs und Tempelglocken! Weinend, weil unsere Koffer Größen- und Gewichtsbeschränkungen unterliegen und die Versandkosten den Wert meines favorisierten Buddha-Kopfs aus Holz bei weitem übersteigen. Meine Shopping-Assistenten machen ihren Job gut. Pinky verhandelt für uns Preise, die uns erröten, aber immer noch glückliche Verkäufer zurücklassen, bevor er uns samt Tempelglöckchen, geschnitzten Holzelefanten und Lucky Buddhas nach Chiang Mai zurückfährt.

Abendessen mit der Rentner-Gang

Hundert Meter vom Hotel entfernt, befindet sich ein schrullig-gemütliches Lokal, das Oak Tree Restaurant. Johnny-Walker-Werbetafeln, Fernseher und Aquarien sorgen für schummrige Beleuchtung, während ein Keyboard-Spieler eine Karaoke-Sängerin begleitet. Wir bestellen Tom Kah Gai, gebratenen Brokkoli mit Shrimps, Hühnchen süß-sauer, gebratenen Reis mit Gemüse und trauen unseren Geschmacksnerven nicht, denn ein derartiges Feuerwerk haben wir noch nie erlebt. Köstlich! Besser geht nicht.
Farang-Kinder scheinen hier nicht sehr häufig zu dinieren. Die Kellner und Kellnerinnen belagern meine Sprösslinge, als kämen wir vom Mond. Bei den ersten Löffeln Milchbrei stehen sieben Mitarbeiter um unseren Tisch herum: einer schneidet Grimassen, einer kneift Johann in die Wange, einer wischt mit einer Serviette nach jedem Löffel den Milchbrei vom Mund, einer küsst ihn, einer nimmt seine kleinen Händchen und patscht mit ihnen in sein Gesicht und einer pustet ihm in den Hals. Kellner Nummer sieben ist für Carl zuständig, indem er ihm unentwegt zum Karaoke-Singen animiert. Natürlich schnattern und lachen alle aufgeregt miteinander, während wir zu Abend essen. Ich bin zugegebener-

maßen überrascht, dass beide Jungs das Schauspiel mitmachen und die Protagonisten zu Höchstleistungen anstacheln. Nach dem Essen läutet der Trupp die zweite Runde ein. Ohne Scheu und Pause gehen sie mit den beiden von Tisch zu Tisch, an denen gut gekleidete Thais in kleinen und großen Gruppen essen. Ab und an vernehmen wir großes Gelächter, weil Johann entweder eine Regung zeigt oder Carl etwas Lustiges sagt.
Som ist eine zierliche Oma mit gepflegter Kurzhaarfrisur und auffallend heller Haut. Sie sitzt am Nachbartisch und beugt sich zu uns herüber, nachdem sie meinen Spionageblick in Richtung Kellner-Trupp gesehen hat. „Thai people love children. Children with blue eyes very pretty. Me two children. Boy and girl. Four grandchildren. In Bangkok.“, singt sie. Nach dem ersten Blick in ihr Gesicht habe ich das Gefühl, sie schon lange zu kennen. Das Zusammenrücken der Tischgruppen passiert irgendwie automatisch, und Sekunden später sitzen wir mit ihr, Kak, Don, Aem und Fern am Tisch und essen gemeinsam. Die kleine Rentner-Gruppe hat sich eigene Rum- und Whiskey-Flaschen mitgebracht und plaudert in sehr gutem Englisch drauflos. Brav antworten wir auf ihre neugierigen Fragen, während ich immer mal wieder einen Blick zu den Jungs werfe. Som juchzt laut auf, als wir erzählen, dass unsere Reisebasis auf Koh Samui ist. Sie komme auch aus Samui. Angefangen habe sie mit einem Restaurant am Chaweng Beach. Das war in den 60ern. Ihr Mann habe von seinen Eltern zwei Grundstücke geerbt, auf denen sie dann Low Budget-Bungalows bauen konnten. Es seien die ersten Einrichtungen für Touristen an diesem Strand gewesen, berichtet sie mit stolzem Lächeln. „Five dollars a night. Always busy, always busy.“ Beide Kinder hätten nach der Grundschule ihre schulische und universitäre Ausbildung in Bangkok fortgesetzt, so habe sie sich um das Familien-Business kümmern können. Sohn und Tochter wollten nicht zurückkehren, um es zu übernehmen. Auch nicht, als ihr Mann aufgrund des Straßen- und Nightlife-Lärms nicht mehr schlafen konnte und sie Probleme mit ihrem Bein bekommen hat. Som zeigt auf ihren Gehstock. „Unexpectedly Koh Samui boomed after Tsunami in Phuket. Many tourism developers from west coast proposed to buy property in Chaweng.“, sagt sie. Trotzdem, und dabei lacht sie triumphierend in die Runde, die ihr mit ebenfalls triumphierenden Lachen antwortet, habe sie nicht verkauft, sondern die Bungalows in Shops umgewandelt, die sie nun vermiete: Reisebüros, Wäschereien, Internet Cafes und Bars. Viele der mietenden Geschäftsleute sind Farangs oder Thai-Frauen mit ihren Farang-Männern. „This way I keep land, earn money and no have work. And can move to Chiang Mai, to my sister“. Guter Plan. Sie sagt, ihre Geschichte sei nur ein Beispiel dafür, dass Samuianer immer noch ihre Hände im Insel-Tourismus hätten, während das operative Geschäft von vielen Nicht-Samuianern, entweder Thais oder Farangs, betrieben werde. „Like landlords“, lallt Opa Kak und lacht wie Donald Trump.
Als die Kellner die Kinder zurückbringen, hat Johann seine Windel gefüllt und Carl neue Wörter in Thai gelernt. Dank des Whiskeys zähle ich doppelt so viele Aquarien wie vor einer Stunde, nun alle pinkfarben. Was für ein sanuk-Tag!

Schadenfreude ist die schönste Freude

Johann weckt uns immer früher. Heute stellt er gegen 4:00 Uhr den Hubschrauber-Modus an, im Halbschlaf in unserer Mitte beziehungsweise auf unseren Körpern rotierend. Und das ausgerechnet heute, an einem Tag, an dem wir bereits um 8:15 Uhr von der Siam Rice Cookery School abgeholt werden. Heute wird gekocht. Und natürlich gegessen.

Pünktlich steht ein rotes Sammeltaxi vor der Lobby, das uns durch die ganze Stadt fährt: an den Ping Fluss, an dem River Cruises angeboten werden, in die Ratchadamnoen Road, wo die Sunday Walking Street veranstaltet wird, auf den Highway 108, in der Nähe des Chiang Mai Cultural Centers mit einer großen Sammlung thailändischer Lanna-Kunst. Sogar am Wat Chet Yod fahren wir vorbei, einem sehenswerten Tempel mit quadratischem Chedi und sieben Türmen. An jeder Station der unerwarteten Stadtrundfahrt werden weitere Kochschüler eingesammelt, ausschließlich Frauen. Neben vier händchenhaltenden Amerikanerinnen, einer Ukrainerin, die mit ihrem britischen Mann und zwölfjähriger Tochter in Bangkok lebt, einer Australierin, die die letzten 2,5 Jahre in London verbracht hat und einen Zwischenstopp in Thailand einlegt, bevor sie nach Hause fliegt, gesellen sich noch zwei holländische Studentinnen dazu, die sieben Wochen durch Thailand, Laos und Kambodscha reisen. Eine bunte Mischung. Als wir am Marktparkplatz ankommen, der erste Stop auf der kulinarischen Tour, sind wir nur ein paar Hundert Meter vom Hotel entfernt.

Auf dem Markt begrüßt und erklärt Phat, ein lustiger Vierzigjähriger, Gemüsesorten, Früchte und Gewürze. Nach der Einführungsrunde an einem der prall gefüllten Stände, bei der wir an Zitronnengras, Galgant, Ginseng, Shrimp-Paste, grünen und gelben Auberginen sowie an verschiedenen Arten von Basilikum schnuppern, sollen wir auf eigene Faust über den Markt schlendern. Der unterscheidet sich durch seine günstigeren Preise und zum Teil andere Produkte vom Maenam Market in Samui. Carl hat Durst. Irgendwo wird es hier doch bestimmt Trinkwasser geben. Kommt, wir suchen mal. Als ich zwei Reihen mit Kinderwagen und Carl im Schlepptau abgeklappert habe, sehe ich Torsten immer noch in der Nähe des Gemüsestands stehen. Vor ihm steht eine Thai mit Mikrofon sowie ein Kameramann mit einer großer Fernsehkamera auf der Schulter. Neugierig geselle ich mich zur kleinen Traube Schaulustiger, die Fotos von der Szene schießen und dabei verstohlen kichern. Die Frau hält Torsten eine Schüssel gelber, frittierter Maden hin, woraufhin er eine auswählt und vorsichtig hineinbeißt.

Mit Spannung warten alle Zuschauer seine Reaktion ab. „You like?", fragt die Frau mit Mikrofon, dabei hält sie es ihm so dicht ins Gesicht, als wolle sie es in ein Nasenloch stopfen. Torsten nimmt seine Aufgabe ernst, überlegt kurz und referiert dann ausführlich über den nussig-cremigen Geschmack mit dem Hauch von Ingwer. Die Frau mit Mikrofon bedankt sich ausgiebig und natürlich dauerlächelnd für seine Teilnahme am Geschmackstest. Was er tatsächlich gegessen hat, lässt sie jedoch offen. Nach Torstens Auftritt stellen wir uns lachend die Verwendung des Film-Materials vor. In einer der Quatsch-Sendungen, in der Farangs aufs Korn genommen werden. Mit künstlichen Lachern untermalt, amüsieren sich Thais im ganzen Land darüber, was der Farang alles isst, und wie er es anschließend beschreibt. Thais lieben Schadenfreude.

Geschmackstest. Aber was ist das?

Die Kochschüler werden in das Sammeltaxi gesteckt und zu Nancy und Phat gebracht. Ihr hübsches, gemauertes Haus liegt in einer kleinen Mittelklasse-Wohnanlage ausserhalb der Stadtmauern. Unter einem Dachvorsprung stehen die Kochstationen. Es gibt einen Vorbereitungstisch, auf dem runde Bretter mit Fleischermessern sowie erste Zutaten aufgebaut sind. Und es gibt eine Gas-Station mit 10 Gasplatten in zwei Reihen. Ausgestattet mit selbstgenähten Schürzen, dürfen wir zunächst Gerichte auswählen. Hoffentlich schmeckt es überhaupt, wenn wir selbst Hand anlegen.

Erster Gang: die Suppen Tom Kah Gai (ich) und Tom Yum Gai (Torsten).
Dank des Fleischermessers, in der Größe eines Baby-Torsos, geht das Schneiden der Zutaten unerwartet schnell. Alle Suppen haben dieselben Hauptzutaten, wobei die Mengen leicht variieren und bei der ein oder anderen Suppe etwas Besonderes hinzugefügt wird. Bei mir ist es beispielsweise Kokosmilch, bei der Tom Yum Gai dann Chili Paste. Nach den Vorbereitungen stehen alle Kochschüler an ihrer Gasplatte und rühren aufgeregt in ihren Suppentöpfen herum, wäh-

rend Nancy genaue Anweisungen gibt, wann welche Zutat mit dem köchelnden Inhalt vereint werden soll. Carl rührt auch mit, unterdessen beobachtet Johann die Szene von zehn Kochtöpfen, zehn Kochlöffeln und zehn hungrigen Schürzenträgern vom Kinderwagen aus. Hin und wieder guckt Nancy mir über die Schulter, ob ich auch richtig rühre, dann ist die Suppe schon verzehrbereit. Im Haus, an einem liebevoll gedeckten Tisch, essen wir unsere Kreationen. Ungläubig schließe ich meine Augen bei den ersten Löffeln. Das soll ich soeben gekocht haben? Ich bin sprachlos. Für Carl ist klar, dass sie nur so „traumhaft thailändisch" schmeckt, weil er schließlich mitgekocht habe. Auch bei Torstens Tom Yum könnte ich ausflippen. Zukünftig überlasse ich Suppentöpfe den Männern meiner Familie.

Zweiter Gang: Hünchen süß-sauer (für und mit meinem kleinen Mit-Schüler) und gebratene Glasnudeln (Torsten).

Zutaten schneiden, Nancys Anweisungen befolgen, für Carl übersetzen, Johann eine Banane geben, weiterschneiden. Damit ich den müden Johann zwei Garten-Runden in den Schlaf fahren kann, übernehmen Nancy und Carl die weiteren Vorbereitungen. Alle Zutaten nacheinander in den Wok schütten, rühren, rühren, rühren, lächeln, essen. Von diesem Gericht darf ich lediglich probieren. Denn nachdem Carl herausgefunden hat, wie lecker es tatsächlich schmeckt, wirkt es, als habe er in den letzten vier Wochen nichts gegessen.

Dritter Gang: Panaeng Curry (ich) und Massaman Curry (Torsten)

Der Geschmack meines Gerichts wird von Erdnüssen, der von Torstens von Tamarinden dominiert. Tamarinden, die „indischen Datteln" bestehen aus bis zu einem Viertel aus Weinsäure und einem Drittel aus Zucker. Es gibt süße und saure Varianten, die in Chutneys oder Currygerichten, als Aufguss in Limonaden oder in Würzsaucen, unter anderem in der Worcestersauce, verarbeitet, roh oder getrocknet verzehrt werden. Wichtig: Tamarinden aufgrund ihrer leicht abführenden Wirkung sparsam verwenden! Deshalb hat mein Mann vor 29 Tagen also rückwärtsgefuttert.

Zur Herstellung der Curry-Paste müssen die Zutaten zunächst im Mörser gestoßen und gerieben werden. So anstrengend habe ich mir das nicht vorgestellt. Als Nancy endlich die Konsistenz meiner Mörser-Paste abnickt, bin ich durchgeschwitzt und bereit für das nächste Essen. Es ist erneut eine geschmackliche Explosion, aber viel zu viel.

Während wir unseren Abschied vorbereiten, sitzt die restliche Gruppe am Tisch und schaut uns mit verzweifelt-gesättigtem Blick hinterher. Wir haben den halbtägigen Kochkurs gebucht, während unsere Mitschülerinnen nun weitere vier Gerichte kochen und vor allem essen werden. Nancy überreicht noch ein Rezeptbuch, bevor uns das rote Sammeltaxi ins fünf Minuten entfernte Hotel fährt. Die letzten fünf Stunden haben riesigen Spaß gemacht. Tolle Gruppe, tolles Essen, tolle Kochlehrerin und die tollsten Mini-Farangs in Kochschürzen.

Stuntshow

Letzter Nachmittag in Chiang Mai. Bevor wir uns auf den zehnminütigen Fußweg zum Chiang Mai Zoo begeben, lassen wir die Kinder im Hotelzimmer spielen und toben. Im privat geführten Zoo leben über 400 Tierarten, darunter Koalabären, Flusspferde, Flamingos, Giraffen, Zebras, Löwen, Tiger, das einzige Nashorn Thailands, sogar Pandabären. Es gibt große Aquarien und einen Streichelzoo für die Kleinsten. Auf dem Weg entlang der vierspurigen Straße ist Carl immer noch wild und aufgeregt. Der schmale Bürgersteig scheint nicht für Menschen gebaut worden zu sein. Teils überwuchert von angrenzenden Bäumen und Büschen, teils verbaut von Straßenschildern, ist er vor allem durch die lückenhafte Aneinanderreihung unterschiedlich großer Betonplatten eine Stolperpiste, die höchste Aufmerksamkeit einfordert. Wir sind erst ein paar Hundert Meter unterwegs, haben eine Kreuzung passiert und geben unserem Sohn Anweisungen, dass er bitte hierauf und darauf achten solle. Wir können nur hintereinander gehen, neben uns halten die Verkehrsteilnehmer in Warteposition vor einer roten Ampel. „Carl, pass auf den Betonblock auf, der hier herausragt", fordert Torsten, der erste in unserer Gänsemarsch-Formation, und beugt sich dabei halb nach hinten, damit wir ihn durch den Straßenlärm hören können. Die Zwei- und Vier-Takt-Motoren in unmittelbarer Nähe sind laut, aber das Geräusch des Zusammenpralls zwischen Kopf und Blech ist lauter. Im Bruchteil einer Sekunde fällt mein Mann stuntreif auf die Straße. Da liegt er nun, wie ein Käfer auf dem Rücken. Im Dreck, bewegungslos und mit geschlossenen Augen. Zuerst quetsche ich Carl gegen die Hauswand, nur weg von der Straße, und stütze Johanns Kopf, natürlich im Tragesitz vor meinem Bauch verweilend, um mich zu Torsten auf den Betonboden zu bücken. Was mache ich denn jetzt? Ein paar schreckliche Sekunden lang schreie ich ihn an und ohrfeige ihn sanft. Seine Stirn ist blutunterlaufen, aber die Wunde nicht offen. Mir fallen tausende Steine vom Herzen, als er schließlich die Augenlider aufschlägt und zu sich kommt. Ich hieve ihn zu einem niedrigen Mauervorsprung, anschließend krame ich eine Wasserflasche aus dem Rucksack, die ich ihm einflöße und über seinen Kopf kippe. Torsten ist noch benommen, aber spricht ganze Sätze und guckt geradeaus. Was für ein Schreck! Als wir unsere Umwelt wieder wahrnehmen, fällt unser Blick auf die Schlange an Fahrzeugen, die, immer noch in vier Reihen, auf die grüne Ampel wartet. Darunter auch ein Lastwagen, auf dessen Ladefläche mindestens zwanzig Bauarbeiter stehen und sich die Bäuche vor Lachen halten. Ich schaue mich erneut um, um zu verstehen, dass sie über uns lachen. Beziehungsweise über den Farang, der gegen das Straßenschild läuft, dabei wie ein gefällter Baum auf dem Rücken landet. Auch in den folgenden Minuten, die wir dort, am Straßenrand, verbringen, die Wunde auf der geschwollenen, innerlich eingebluteten Stirn kühlen, die Schrammen an Armen und Rücken begutachten, die am Straßenschild befestigte und für die Wunde verantwortliche, herausragende Schraube entde-

cken, werden wir von unseren Zuschauern lächelnd angestarrt. Den Bauarbeitern laufen die Tränen über die Wangen.
Übermannt von Kopfschmerzen legt sich Torsten mit Eiswürfeln auf der Stirn ins Hotelbett. Wir haben Glück im Unglück. Nach ein paar Stunden geht es ihm etwas besser, und es gibt keine Anzeichen einer Gehirnerschütterung. Es wird auch einige Tage dauern, bis das Hämatom auf der Stirn verschwunden ist. Bis dahin wird jeder Thai, mit dem er sich unterhält, fragen, was passiert sei. Und er wird die Situation mit schmerzverzerrtem Gesicht verbal rekonstruieren, woraufhin seine Gegenüber – jedes Mal – in schallendes Gelächter ausbrechen.

Am Abend bestelle ich einen Happy-Hour-Drink an der mobilen Fahrstuhl-Bar., quasi auf den heutigen Schock. Während ich mir die Zutaten eines Cocktails mit thailändischem Whiskey erklären lasse, tobt Carl immer noch herum. Als er über ein Stromkabel stolpert, fällt er mit klatschendem Aufprall hin. Sekunden vergehen, in denen er, am Marmorboden liegend, entscheidet, ob er sich wehgetan hat. Kurz bevor er zum Riesengebrüll ansetzt, kommen ihm jedoch die Hotelmitarbeiter hinter der Theke zuvor. Sie lachen lauthals los, krümmen sich und kriegen sich gar nicht mehr ein. Carl schaut sie entgeistert an und vergisst vor Schreck das Weinen. Thais lieben Schadenfreude.

Abstand

Ich bin traurig, ich möchte noch bleiben. Das weitere Umland Chiang Mais erkunden. Den Wasserfall Huai Kaeo. Oder den Nationalpark Doi Inthanon mit Thailands höchstem Berg, 2.565 Meter hoch. Entlang Naturwanderpfaden und Dörfern der hier beheimateten Bergstämme mit ihrem ureigenen Glauben, zeremoniellen Trachten, ihrer Sprache, Gebräuchen und Tänzen wandern. Ich möchte die 50 heißen Quellen von Fang besichtigen und die unaufgeregte Stadt Pai. Oder das goldene Dreieck. Noch mehr Zeit mit den Nord-Thais verbringen, die sich in vielerlei Hinsicht für die wahren Thais halten, da sie auf eine lange, größtenteils unabhängige Geschichte zurückblicken, die thailändische Kultur noch am besten über die Zeit gerettet haben. Auch die Samuianische Rentner-Gang werde ich vermissen. Und Pinky, der uns zum Flughafen fährt.
Zwischen Check-In und Boarding liegt die Filiale einer amerikanischen Fast-Food-Kette. Es ist ein seltsam vertrautes Gefühl, das Tablett von der Marmortheke zu heben, immer die einzelnen Pappschachteln im Blick, dass sie den behutsam gestapelten Turm nicht herunterrutschen. In diesem Moment wird der Flug aufgerufen. Und jetzt? Ich habe mich gerade ernsthaft auf die vor mir liegenden Fettmoleküle gefreut. Wir verpacken die Einzelteile rasch in braune Take-Away-Tüten und essen hektisch auf dem Weg zur Handgepäck-Kontrolle. Der Flughafen ist vergleichsweise klein, die Wege nicht besonders lang. Da sind wir schon,

und eine Warteschlange gibt es auch nicht. Bevor Carl mit dem Protest beginnen kann, nimmt mir ein Sicherheits-Mitarbeiter die Tüten mit Burgern, Pommes und Getränken aus der Hand, woraufhin er sie durch den Scanner fahren lässt. Wir könnten im Flugzeug weiteressen, schlägt er vor. King Meal über den Wolken.

In Phuket ist unser Auto tatsächlich eingeparkt. Wir alle legen Hand an, um die weiße Limousine vor benachbarte Autos zu schieben. Nachdem wir unsere Parklücke freigegeben haben, schieben wir sie wieder hinein. Carl würde gern noch weiterschieben und den Parkplatz neu sortieren. Mit der Aussicht auf das hoteleigene Spielzimmer kann er sich doch losreißen und mit uns auf das Dewa Hotel Phuket freuen. Weil die Städte-Anstrengung Wirkung zeigt, verzichten wir auf die Inseltour. Mir ist bewusst, dass wir viel verpassen, aber heute geht gar nichts mehr. Phuket, die „Perle der Andamanensee" ist die größte Insel Thailands, mit seinen malerischen Stränden, darunter Patong, Kamala, Kata und Karon, eine touristische Hochburg. Sogar der ägyptische Geograph Ptolemäus soll einer Legende nach bereits im 1. Jahrhundert hier gewesen sein.
Wie in der ganzen Region, forderte hier am 26.Dezember 2004 ein Tsunami zahlreiche Todesopfer. Aber auch die Naturkatastrophe konnte die Gästeflut nicht stoppen.

Vereinzelte Schilder weisen auf Evakuierungsrouten hin

Alle Ängste scheinen inzwischen vergessen zu sein. Damals wurde entschieden, dass keine Hotels direkt am Strand gebaut werden, Wächter auf Aussichtstürmen und Sirenen vor Tsunamis warnen sollten. Heute seien die Türme verwaist und die Stromkabel der Sirenen geklaut, erzählt man uns. Auch die Evakuierungswegweiser seien bereits verrostet oder von Pflanzen überwuchert. An die neun Millionen Menschen besuchen die Insel pro Jahr, davon über 350 Tausend Deutsche.

Die Reise nach Krabi, Phuket und Chiang Mai war fantastisch, voller unbezahlbarer Eindrücke, auch wenn ich mich heute immens erschöpft fühle. Vor allem brauche ich körperlichen Abstand. Ich muss dringend länger als fünf Minuten allein sein. Ohne Baby auf dem Arm, ohne Kinder, die an oder auf mir einschlafen, ohne Händchenhalten. Mal keinen Körperkontakt haben. Ich sehne mich nach dem Gefühl von Ich-Sein. Die von der Natur eingerichtete Dienstleistungsbereitschaft einer Mutter kann frau zu Höchstleistungen treiben, aber auch wahnsinnig einengen und anspannen. Ich brauche dringend Zeit abseits meiner Familie, sonst wachsen die Jungs noch an mir fest.

Nach Hause kommen

Ein abwechslungsreiches Frühstück verleitet in der Regel dazu, viel zu viel zu essen. Es sind nicht nur die warmen A-la-carte Gerichte, mindestens zehn Sorten Cerealien, sondern auch zahlreiche Obstsorten und frische, trinkfertige Kokosnuss, die für eine reichhaltige erste Mahlzeit des Tages sorgen. Musikalisch sind wir allerdings nicht auf einer Linie mit dem Hotel, den anderen Gästen scheint das russische Liedgut allerdings zu gefallen.

Der Routenplaner gibt zwischen unserem jetzigen Standort und dem Fähr-Pier in Donsak eine Gesamt-Fahrzeit von 4,5 Stunden an. Die erste Strecke kennen wir bereits, schließlich sind wir sie schon auf dem Weg Krabi-Phuket in umgekehrter Richtung gefahren. Im Verlauf wähnen wir uns etwas zu sicher, verpassen die Abfahrt auf den Highway 44 und finden uns auf einer Straße wieder, die zwar ebenfalls nach Surat Thani führt, aber einspurig, teils stark gewunden ist. Sie verlangsamt die Tour erheblich, da sie nicht nur einen Umweg über bergiges Terrain beschreibt, sondern auch die Wahl von etlichen LKWs ist, was Überholen nahezu unmöglich macht. Landschaftlich ist sie allerdings grandios, also erfreuen wir uns an den Ausblicken, anstatt uns über die zusätzliche Fahrzeit zu ärgern. Zumindest so lange die Kinder ruhig sind.
Die Straßenbeschilderung lässt uns immer wieder schmunzeln. Die Straße 401 zum Beispiel führt an mehreren Kreuzungen nicht nur von Süden nach Norden, sondern auch von Westen nach Osten. Man kann nichts falsch machen, wenn man auf der 401 bleiben will. Ebenfalls witzig sind die Distanzangaben an den Straßenschildern. So steht beispielsweise nach der Sarasin-Brücke, die Phuket mit dem Festland verbindet, ein Schild mit der Angabe „Surat Thani 128 km", drei Fahrminuten später dann „Surat Thani 140 km" und dann nach einigen Mi-

nuten „Surat Thani 112 km". Falsche Reihenfolge? Auch einige Schrecksekunden bringt dieser Reisetag. Zum Beispiel, als ein weißer Pick-Up, der auf der Gegenrichtung einen LKW überholt, geradewegs auf unserer Spur entgegenkommt und gar nicht daran denkt, den Überholvorgang abzubrechen. Torsten muss ins Gebüsch fahren, damit wir nicht frontal von der Straße gefegt werden. Oder als ein weiterer Pick-Up mit Bauarbeitern auf der Ladefläche auf unsere Hauptstraße einbiegt, uns dabei selbstverständlich die Vorfahrt nimmt. Torsten macht eine quietschende Vollbremsung, hupend, daraufhin ernten wir amüsierte Gesichter, die uns von der Ladefläche aus anlächeln. Was hat der Farang nur, er hat uns noch nicht mal gerammt. Insgesamt fahren wir am heutigen Tag vom Yai Nang Beach auf Koh Phuket bis zu unserem Haus in Bang Por 258 Kilometer und benötigen für diese Strecke etwas mehr als sieben Stunden, inklusive Fährfahrt.

Es ist ein herrliches Gefühl, vom Pier auf Nathons Straßen einzubiegen. Die Sonne bereitet sich auf ihren Untergang vor, indem sie die Hauptstadt Samuis in warmen Gelbtönen anstrahlt. Wir kennen jede Straße, jede Kreuzung, die Geschäfte, die Schlaglöcher. Es ist wie ein Nachhausekommen, wobei das Pflänzchen Zuhause noch zart und klein ist. Während Johann zum dritten Mal an diesem Tag auf meinem Schoß einschläft, lotst Carl unseren Autofahrer zum Haus: „So, Papa. Hier einbiegen. Dann bis zum Berg. Ja. Und hier, ja, hier, links und dann bis ganz zum Schluss. Juchuuu, wir sind wieder da!"

ANGEKOMMEN AUF KOH SAMUI

Ayutthaya, Siam und die kleine Schwester

Der Himmel über Samui ist wolkenlos, es scheint ein heißer Tag zu werden. Auf der Terrasse lauschen wir zunächst dem Gebrüll der Affen, dem Schnattern der Myna-Birds sowie der benachbarten Flex, dann toben wir mit den Kindern im Haus herum. Johann läuft an einer Hand den Flur auf und ab, unterdessen ist Carl glücklich über sein wiedergewonnenes Spiel-Terrain. Auf dem Boden seines Zimmers sitzend, konstruiert er gedankenversunken Terminals und Start-/Landebahnen, um die erste Maschine der Fluggesellschaft – so steht es auf dem Leitwerk – Air Plane zu starten. In ausgelassener Stimmung erholen sich alle Familienmitglieder von den Reise-Strapazen. Torsten redet zwar schon wieder von „möglichen Ausflugszielen“, „Gegenden, die wir noch nicht kennen“ und „Ecken, die schön sein sollen“, aber ich bremse ihn und uns. Ich möchte heute nicht nach vorn schauen. Lediglich zurück. Auf die vergangenen Reisetage. Oder warum schauen wir nicht mal auf Thailands Geschichte?
Bis heute ist die Herkunft der Thai-Völker umstritten. Es wird angenommen, dass sie ab dem sechsten oder siebten Jahrhundert aus Südchina einwanderten. Den Ureinwohnern Thailands entsprangen zwei hoch entwickelte Völker, die Khmer im Nordosten und die Mon in Zentralthailand, welche von den immigrierten Thai-Völkern besiegt und zum Teil vertrieben wurden. Es entstanden die Fürstentümer Chiang Mai und Sukhothai sowie Ayutthaya, wobei Ayutthayas Bedeutung bis hin zur Annektierung der anderen Fürstentümer wuchs. Die lange zurückreichende Feindschaft zum benachbarten Myanmar erreichte Ende des 18. Jahrhunderts einen Höhepunkt mit der Zerstörung Ayutthayas, woraufhin das Land nicht nur völlig niedergebrannt und geplündert, sondern auch gespalten war. Gouverneur Taksi erreichte in jahrelangen Bemühungen die Wiedervereinigung der einzelnen Provinzen. Später ließ er sich als Rama I. zum König krönen und begründete damit die noch heute herrschende Chakri-Dynastie. Wie die folgenden Herrscher auch, führte er den Wiederaufbau fort. 1939 wurde aus dem damaligen Siam, so lautete die offizielle Staatsbezeichnung seit Mitte des 19. Jahrhunderts, das heutige Thailand. Es folgte eine politisch unruhige Zeit mit einer Reihe von Militärputschen und Machtwechseln, bis in den 80ern ein demokratisches System eingeführt wurde. Mit dem reichen Telekommunikationsun-

ternehmer Thaksin Shinawatra kam 2001 ein Regierungschef an die Macht, der eine bis dahin ungewohnt hohe Mehrheit im Volk für sich gewann. Fünf Jahre später war er konfrontiert mit handfesten Korruptionsvorwürfen, so dass die militärische Übernahme der Regierungsmacht geduldet wurde, gefolgt von Neuwahlen, Vorwürfen des Wahlbetrugs, organisierten Demonstrationsbewegungen und weiteren Machtwechseln. Nach einer demokratischen Wahl wurde schließlich Yingluck Shinawatra Regierungschefin, die jüngste Schwester des ehemaligen Premierministers Thaksin Shinawatra.
Wie wird´s weitergehen?

Nee sagt ja

Auf dem Weg in den Süden Samuis essen wir in Nathon im „Mumthong Restuarant" (kein Schreibfehler, so heißt es wirklich). Es liegt an einer Kreuzung zweier Einbahnstraßen, die zwar nur einspurig, aber geschäftig sind. So wie fast alle Lokale, ist es zu zwei Seiten offen und damit wohl einer der lautesten und hektischsten Orte, an denen man in der Hauptstadt essen kann. Sowohl das Essen als auch die Bedienung sind jedoch einen oder auch mehrere Besuche wert.

Chak Phra Festival mit Booten auf Rädern

Auch zu sehen gibt es immer etwas. Heute ist es ein Verkehrspolizist, der in zehn Metern Entfernung Vorfahrtsrechte regelt, aus allen Poren schwitzend. Und drei Prozessionswagen, die anlässlich des Chak Phra Festivals durch Samuis Straßen fahren. Eigentlich sind es geschmückte Schiffe auf Rädern, detailreich verziert, bemalt, goldfarben glänzend. Auf den passierenden Wagen sitzen Mönche, ihre Fahrer sowie trommelnde und singende Gläubige. Alle haben ein leistungsstarkes Soundsystem mit Subwoofer an Bord, wodurch ihre Ankunft nicht zu überhören ist. Langsam schiebt sich der Prozessionszug durch die Einbahnstraßen, unterbrochen von gelegentlichen Stops, bei denen Mönche Geldspenden der Passanten empfangen, im Gegenzug Segnungen in Form von Reisigbesen-Spritzwasser und Armbändchen verteilen. Und natürlich bedanken sich die Thais mit tiefem wai für die Annahme ihrer Spenden. Hinter den Prozessionswagen schlängelt sich ein geduldiger Stau über die Insel, in dem wir wenig später auch stehen werden.

„Secret Hall of Buddhas" in Wat Samret

Wat Samret liegt nicht weit entfernt von der Ringstraße. Wir kennen diese Tempelanlage noch nicht, daher sind wir zunächst unsicher, ob die zahlreichen, mit blauen Planen bedeckten Verkaufsstände permanent aufgebaut sind. Oder ob auf dem gesamten Gelände immer viele weiße Plastikstühle planlos herumstehen. Auch hier muss gestern ein rauschendes Fest stattgefunden haben. Mit großer Wahrscheinlichkeit geht es heute weiter. Wat Samret ist umgeben von Kokospalmen und Büschen, es zirpt in jeder Ecke, während sich vereinzelte Tempel-

katzen in der schwülen Hitze räkeln. Auf den Sockeln der Chedi-förmigen Mönchsgräber sorgen Getränkedosen und -flaschen für das leibliche Wohl ihrer verstorbenen Bewohner. Die meisten Gebäude sind geschlossen, bis auf ein fensterloses Steinhaus, in das wir vorsichtig hineinlugen. Unsere Augen müssen sich zunächst an die Dunkelheit gewöhnen, bis wir auf dem sandigen Boden eine weiße, liegende Buddhastatue sehen, umringt von mehr als dreißig steinernen Oberkörpern Buddhas. Alle Figuren sind filigran gearbeitet und geschmückt mit safrangelben Gewändern, Blumengirlanden und Opfergaben, derer Details man sich gar nicht sattsehen kann. „The Secret Hall of Buddhas“ ist ein magischer Ort.
Vorbei am Stadion und an der inseleigenen Radiostation, beide mitten im Dschungel gelegen, führt unser Weg zum Samui Tiger Zoo and Aquarium. Auch wenn wir schon von außen die lautstarke Einladung der brüllenden Seelöwen und quiekenden Vögel vernehmen und die Fotos der mit dem hier lebenden Tiger kuschelnden Urlaubern sehen, ist der selbsternannte Touristenmagnet der Insel nicht unser Ziel. Dieses erstreckt sich vielmehr hinter der geschlossenen, kleinen Hotelanlage „Orchid Resort“ und zahlreichen Luxusvillen. Der Ban Harn Beach ist für uns die Attraktion der Umgebung. Weißer Pulversand, türkisfarbenes Meer, vorgelagerte Sandbänke und ein Hausriff, das bei den hier vorherrschenden ausgeprägten Gezeiten wie ein Steinwald aus dem Meer emporragt, laden zum Spaziergang ein. Eine vollendete Symbiose aus Malediven- und Ostseestrand, an dem sich auch Kite-Surfer in der windgünstigen Saison zwischen November bis März erfreuen.

Auf der Suche nach der größten Muschel stoßen wir auf das vorbereitete Setting einer Traumhochzeit: Blumenarrangements in pink-weiß, Stühle in Zweier-Reihen und ein mit Samtdecke und großem Buch bestückter Tisch, auf dem in vermutlich nicht allzu langer Zeit ein Bund fürs Leben unterschrieben wird. Unsere neugierigen Blicke treffen sich mit denen von Kate, einer britischen Hochzeitsplanerin, und Sok, ihrer Assistentin. Es ist aber auch gar nicht so zufällig, dass sich unsere Augen treffen, schließlich sind wir die einzigen Menschen in Sichtweite. Kate lädt uns ein, mal zu testen, ob der Blick des Brautpaares auf die Bucht auch dem Anlass gerecht wird. Ich glaube, in Wirklichkeit, macht sie Werbung für ihre Dienstleistung. Denn der Blick ist perfekt. In ein paar Stunden werden sich an diesem Ort Nee und James glücklich anlächeln und „yes“ oder vielleicht auch „tschai“ entgegenhauchen. Die Braut werde gerade vorbereitet, erzählt Kate in aller Ruhe. Und nach der Strandzeremonie beginne die Feier in einer der großen Strandvillen. Sie zeigt hinter die Palmenreihe, die den Strand von den weitläufigen Anwesen trennt. Eine durch und durch europäische Hochzeit habe sich der Bräutigam gewünscht, die Thai-Zeremonie finde erst nächste Woche im Dorf der Braut, im Norden Thailands, statt. Damit verabschiedet sie sich, nicht ohne der zierlichen Sok im beigefarbenen Kostüm weitere Anweisungen zum Orchideen-Bouquet und den erforderlichen Stuhlreihen zu geben. Wir wollen auch weiter, aber Carl lässt sich nicht von seinen Beobachtungen abbringen, wie Sok Hand an die Orchideen legt, um diese dichter um den Pavillon-Pfosten zu binden. „Blumen schön!", kommentiert er, dabei fuchtelt er wild in der Luft herum, in der Hoffnung, sie würde ihn dadurch verstehen. Nachdem ich übersetzt habe, steckt sie ihm ein kleines Arrangement ans T-Shirt und lässt ihn den Korb mit den Blumen halten, die sie benötigt, um die Metallstangen zu verstecken.

Ban Harn Beach im Süden Koh Samuis

Dabei erzählt sie: „This wedding special. Nee my friend. Nee from Nakhon Ratchasima, Northeast of Thailand. Me from Nakhon Ratchasima. Same same." Kommt James auch aus Nakhon Ratchasima?, frage ich vorsichtig. „No. James Farang.", Sok lächelt breit, „Farang from English." Sie macht eine Pause. „Good Farang. Good." Spätestens jetzt platze ich vor Neugierde. Warum gut? „You know," setzt sie an und erzählt die Geschichte ihrer Freundin. Noch mit 23 Jahren habe Nee ihren Eltern beim Anbau von Reis geholfen. Ihr damaliger Freund sei irgendwann nach Bangkok gezogen – ohne sie und das gemeinsame Baby. Als Bauarbeiter auf einer der Großbaustellen. Nee sei ihm gefolgt, zum Geld verdienen. So habe sie als Kellnerin ihre Eltern und Tochter in Nakhon Ratchasima unterstützen können. Als die Kleine in die Schule gekommen ist, habe das Geld nicht mehr gereicht. Und der Vater nicht mehr gezahlt. Folglich habe Nee sich entschieden, in einer der vielen „girlie-bars" zu arbeiten. „Job in girlie-bar a lot better. Lot of money. Money for family in Nakhon Ratchasima. Money for

school." Ich bin überrascht, mit welcher Selbstverständlichkeit sie über diese Tatsache spricht. Die Übersetzung für Carl stoppe ich für eine Weile und fahre erst wieder fort, als Sok berichtet, wie ihre Freundin nach Koh Samui gekommen und James begegnet sei. Heute arbeite Nee als Küchenassistentin. Was James beruflich macht, wisse sie nicht genau. Aber ein guter Farang sei er, wiederholt sie. „Now life better. Nee happy. Daughter can go university."
Die Pfosten sind nun umringt von prächtigen Orchideen. Jetzt müsse sie weiter. Wir auch. Glückwunsch, Nee und James!

Königlich

Der König ist fort. Im Land herrscht Chaos. Birgits zerstückelter Körper wird in einem Pick-Up weggefahren. Die Bauarbeiter bewaffnen sich mit Flex und Heckenscheren. In genau dem Moment, in dem die dicke Bauarbeiterin in Flip-Flops auf Johann zugeht, höre ich seinen Aufwachschrei. Mit aufgeschlagenen Augen komme ich in der Realität an, heilfroh, wach zu sein. Ich hatte schon lange keinen Albtraum mehr.

In der Nacht hat es wieder stark geregnet, so dass die aufgehende Sonne emsig damit beschäftigt ist, die verbliebenen Tropfen auf Pflanzen, Blumen und Rasen in Dampf zu verwandeln. Während wir den heutigen Ausflug vorbereiten, fühle ich mich immer noch etwas mitgenommen und frage mich, warum mir ausgerechnet heute mein Unterbewusstsein so einen seltsamen Film zeigt.

Auch wenn der König nicht die Politik des Landes bestimmt, hat seine Rolle eine vereinende und stabilisierende Wirkung auf die gesamte Nation. Das Königreich Thailand ist eine konstitutionelle Monarchie, dessen Oberhaupt seit 1946 König Bhumibol Adulyadej ist. Zu seinen in der Verfassung festgelegten Funktionen zählen zum Beispiel die Ernennung des Premierministers (die Auswahl wird allerdings von politischen Parteien oder vom Militär getroffen) und die Eröffnungen von Parlamentssitzungen, allesamt zeremonieller und symbolischer Natur.

Die gesamte königliche Familie genießt in Thailand größte Hochachtung, die fast schon religiöse Züge trägt. Daher ist mangelnde Respektsbezeugung gegenüber der Königsfamilie, auch gegenüber ihren Porträts, der schlimmste Fehler, der einem Besucher unterlaufen kann. Da unter anderem auch Briefmarken und Banknoten mit dem Konterfei des Königs gedruckt sind, sollten sie niemals zerknüddelt, zerrissen oder betrampelt werden.
König Bhumibol Adulyadej (Rama IX) wurde am 5.12.1927 in den USA geboren und in der Schweiz ausgebildet. Er stellt die Integrationsfigur des Landes dar und wird von der Bevölkerung sehr verehrt. Die Farbe Gelb, die Farbe des Königs, da sie seinem Geburtstag, dem Montag, zugeordnet wird, ist allgegenwärtig, ob auf Auto-Aufklebern („Wir lieben den König"), Fahnen, Armbänder oder Hem-

den. 2006 feierten über drei Millionen Menschen sein 60-jähriges Thronjubiläum, damit ist er der am längsten amtierende König der thailändischen Geschichte und unter den derzeit lebenden der am längsten amtierende Monarch der Welt.

Bilder der Königsfamilie, hier in Thong Krut

Auf dem Weg in Richtung Süden werden die Palmenwälder, abseits der Ringstraße, dichter. Wir fahren nach Bang Kao, einem Ort, der lediglich ein paar Hundert Meter vom gestrigen Ziel entfernt liegt. Wie ruhig es hier ist! Nur vereinzelte Häuser stehen am Straßenrand – mal ärmlich, mal luxuriös -, selten begegnen uns Wasserbüffel, Mopeds und Autos. Die Gegend wirkt fast geheimnisvoll.

Der Betreiber des „Bang Kao Seafood Restaurants“, ein Geheimtipp soll es sein, ist ein Tierfreund. Vor der nicht fertig gebauten Hütte spielen an Ketten gelegte Tiere, ein Affe, Papageien und Kakadus, mit Dreirädern und ausgedienten Plastikflaschen. Gegen ein kleines Entgelt könne man sich mit dem Affen fotografieren lassen, schlägt er vor. Nachdem wir dankend abgelehnt haben, widmet er sich wieder dem Training. In zwei Wochen starte seine Affen- und Papageienshow. Er bringe den Tieren gerade bei, auf dem Dreirad zu fahren. Das wird Samuis neue Attraktion, da ist er sich sicher. Das schäbige Restaurant liegt am gleichnamigen palmengesäumten Traumstrand, vor dem zwei Fischerboote in den Wellen schaukeln. Die Kulisse ist phänomenal, das Essen jedoch keiner Erwähnung wert.

Nach kurzer Geisterfahrt begegnen wir am Wat Laem Sor zumindest einem Bauarbeiter und einem einsamen Mönch. Der eine schläft auf einem Stapel Betonsäcken, und der andere fegt die direkt am Meer gelegene Tempelanlage. Von der Pagode aus hat man tolle Sicht auf die vorgelagerten Inseln, mein Sohn allerdings nur Augen für die im benachbarten See wartenden Blutegel.

Haustier oder der neue Star in der Manege?

Kommt, wir fahren weiter nach Thong Krut, einem kleinen Fischerort! Holzhäuser säumen die wenig befahrene Hauptstraße, während im Wasser mindestens 30 Longtail-Boote schwimmen. Von hier aus könne man sich von einem der Fischerboote auf die vorgelagerten Inseln fahren lassen. Die Fahrt dorthin sei ein Geheimtipp, hat uns Birgit im Vorfeld verraten. Heute verzichten wir auf weitere Geheimtipps und lassen uns in einem zwischen Strand und Straße gelegenen Lokal nieder, in dem die Inhaberfamilie uns mit ihren Bananen-Pfannkuchen einen nachmittäglichen Snack kredenzt, der das Mittagessen des Tierfreunds bei weitem in den Schatten stellt. Als wir gemeinsam mit Thai-Papa, Thai-Mama und ältester Tochter einen Kampf im Thai-Boxing anschauen, natürlich auf dem aufgestellten Röhrenfernseher, lassen wir uns lediglich von vorbeifahrenden Händlern unterbrechen, die Obst, Gemüse, Pflanzen, Blumentöpfe und Besen anzubieten haben. Über dem Fernseher steht ein Mini-Schrein für die Hausgeister, daneben hängen natürlich die überdimensionalen Bilder von Seiner Majestät König Bhumibol Adulyadej und Ihrer Majestät Königin Sirikit. So wie in nahezu jedem Lokal und Privathaushalt, den wir bislang besucht haben.

Dr. Fish

Keine Sorge. Die Jungs sind nicht krank. Torsten geht es gut und mir auch. Aber Dr. Fish müssen wir trotzdem einen Besuch abstatten. Obwohl seine Praxis direkt an der Chaweng Beach Road gelegen ist, finden wir sie nicht sofort. Nach ein paar Einbahn-Runden um den Chaweng Lake, rufen wir alle gleichzeitig „daaa!“, als das Logo unser Sichtfeld streift. Seine Leistungen sind auf den ersten Blick mit einem Familienpreis von 1.500 Baht (37,50 Euro) nicht günstig, vor allem wenn man bedenkt dass er lediglich unsere Füße behandeln wird. Aber wir wollen unbedingt, also ziehen wir unsere Schuhe aus und legen unser vorerst letztes Bargeld auf den Tresen. Die gepflegten Damen aus dem Vorzimmer achten peinlich genau darauf, dass wir Füße und Hände gründlich waschen und abtrocknen, bevor wir ins Behandlungszimmer gehen dürfen, in dem drei rechteckige Wasserbecken in den Boden gelassen sind. Der restliche Fußboden ist mit Tropenholz-Planken ausgekleidet, auf denen typisch thailändische Dreiecksmatten liegen. Wir setzen uns auf sie, brav in eine Reihe, warten gespannt auf den Doktor. Ich bin die erste, die ihre Füße in das Becken steckt. Schon bei der ersten Berührung kreische ich laut auf, mit einem typisch weiblich-schrillen Aufschrei, einem Ton, den ich nicht bewusst produzieren kann. Die Vorzimmer-Damen nehmen meine Regung, durch eine Glasscheibe hindurch, kichernd zur Kenntnis. Ich wusste, dass es kitzeln würde. Dennoch sind die Berührungen der hunderten Garra Rufa Fische (deutsch: rötliche Saugbarbe, auch Kangal- oder Knabberfische genannt) auf meiner Haut, die mit ihren Zähnen überschüssige Hautpartikel abknabbern, so drollig, dass ich erstmal zehn Minuten lang herzhaft lachen muss, bevor ich mich daran gewöhne. Auch Torsten und Carl haben einen Heidenspaß, als ihre Füße im Wasser baumeln. Jeder Zentimeter Haut, der mit dem Lebensraum der Tiere in Berührung kommt, wird bearbeitet, während es an unseren Füßen in einer nano-kitzligen Vibration zu summen scheint. Auch Johanns Händchen wird ins Wasser getaucht, eine Einladung, die die Tiere ohne Zögern annehmen. Juchzend versucht er, die Fische zu fangen.

Seitdem über die medizinischen Erfolge, zum Beispiel bei Neurodermitis-, Akne- oder Ekzem-Patienten, sowie die hautreinigende Funktion der Doktorfische berichtet wurden, boomen Fish-Spas in der ganzen Welt. Nach einer halben Stunde sind unsere Füße zart wie ein Babypopo.

An der Chaweng Beach Road sitzt ein Mann auf dem Bürgersteig, auf dem er eine Handvoll Aquarien und Plastikstühle aufgebaut hat. Er nennt sich ebenfalls Dr. Fish und greift vermutlich die Kundschaft ab, die das Fish Spa nicht sofort findet. Der flach abfallende Strandabschnitt „Chaweng Beach“ ist ungeschlagen. Feiner, schneeweißer Sand, Kokospalmen, klares Wasser mit kaum wahrnehmbarer Brandung und Hotels, Jet-Skis, Liegestühle in Dreier-Reihen, Musik, Menschen, Beach-Life. Es gibt Menschen, die das Treiben am und im Wasser lieben.

Für uns ist es nichts, wir bevorzugen die einsame Variante. Same, same, but different.

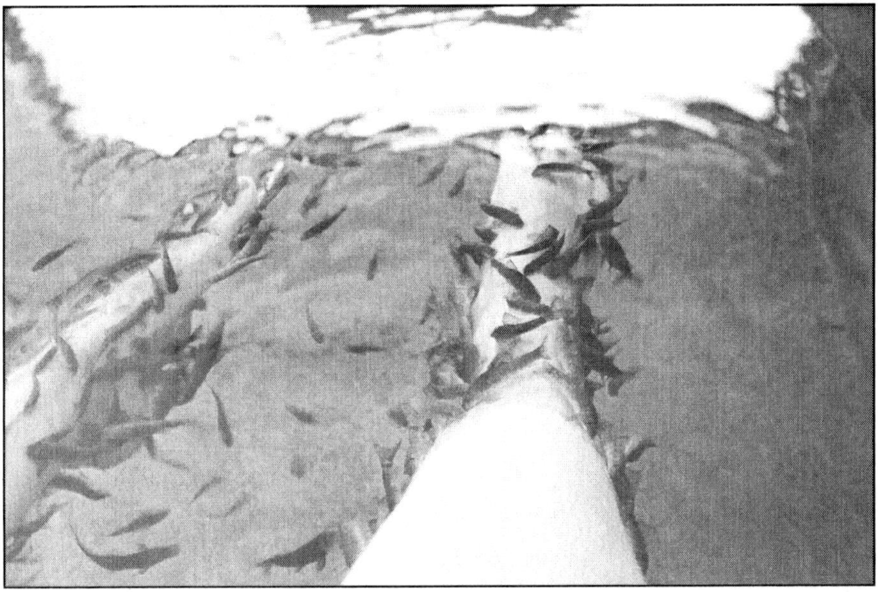

Mittagssnack für die Garra Rufa Fische

Bekommt man eigentlich bei einer Reise, wie wir sie gerade unternehmen, einen Kulturschock? Eindeutig ja! Einschlägige Fachliteratur spricht vom sogenannten W-Modell, einer Darstellung aller Phasen, die man im fremden Kulturkreis durchläuft. Der Prozess der Kulturkrise beginnt mit der Honeymoon-Phase, in der Unterschiede zwischen der alten und neuen Kultur in einem romantischen Licht gesehen werden, eine euphorische Zeit voller Faszination und neuer Entdeckungen. Dann beginnt die Krise. Es fällt auf, was in der neuen Kultur nicht so ideal ist. Der Gedanke „zu Hause ist alles besser" ist typisch dafür. Irgendwann folgt die Erholung, einhergehend mit einem tieferen Verständnis der neuen kulturellen Spielregeln, bis zur Anpassung sowie dem anschließenden Eigen-Kulturschock bei der Heimkehr ins eigene Land. Nun sind die erforschten Symptome wie Reizbarkeit, Ess-, Schlaf- und Verdauungsstörungen oder Schwermut bei uns nicht außergewöhnlich ausgeprägt, aber die einzelnen Phasen durchlaufen wir auch. Jeder auf individuelle Art und Ausprägung, in jedem Lebensbereich. Zum Beispiel beim Autofahren. Vor einiger Zeit haben wir die Mentalität der Verkehrsteilnehmer als Zuschauer mit Lächeln, Staunen oder Kopfschütteln hingenommen. Wenn wir ausscheren, um ein am Straßenrand parkendes Auto zu passieren, können wir sicher sein, dass wir zeitgleich von einem Moped überholt werden, das allerdings auch zeitgleich von einem Pick-Up überholt wird. Rechts oder links. Erst der kleine Schreck, „ts, ts, ts“, „das ist ja ein Ding“, hahaha, „so wird das hier also gemacht“. Nun sind wir in der nächsten Phase, es nervt uns mächtig. Die Touren werden abenteuerlicher und anstrengender. Vorausschauendes Fahren scheint unbekannt. Rücksicht auch. Der Größere gewinnt. Fressen oder gefressen werden heißt die Devise. Bei der Abgabe des Mietwagens ist mein Mann in der Anpassungsphase angekommen. Was das für die ersten Fahrten in Deutschland bedeutet, führe ich nicht aus. Ich glaube, wir wurden noch nie so häufig angehupt.

Jeden Donnerstagabend wird in Bophut eine Walking Street veranstaltet, die kleine, durch den Ort führende Straße zur Fußgängerzone deklariert. Bei unserer Ankunft bereiten sich die vielen Stände mit Essen und Kleidung auf ihre Besucher vor. Es duftet nach dem so unverwechselbaren Thailand-Geruch: nach Tropenhitze, Abgasen und Garküchen. Ich liebe es. Schlendernd kosten wir von mit Speck ummantelten Würstchen und grünem Spargel über Krokodilfleisch am Spieß, bis zu gebratenen Mini-Kakerlaken. Ich bin davon überzeugt, dass ich mit der Thai-Küche lebenslang in der Honeymoon-Phase bleiben werde. Auch Carl kann von seinem Frucht-Shake und in Bananenblätter eingerolltes Kokosnuss-Gelee nicht genug bekommen. Seine heißersehnte Wegzehrung für die Rückfahrt, ein Becher mit Maiskörnern, die mit Zucker, Sahne und Öl zu einem cremigen Snack angebraten werden, pulen wir nach der nächsten Temposchwelle gemeinsam aus Gurtschlitzen und Ohren. Wehe, wenn Maiskörner freigelassen werden.

Kinderprogramm mit Coca Cola

Die Paradise Park Farm ist ein Mini-Tierpark mit Pool, Restaurant und sehenswerten Aussichten über die Insel. Mehrere Wege führen zur Anlage, aber nicht alle seien passierbar. In der Hoffnung, uns für die richtige Strecke entschieden zu haben, fahren wir bis zum Wat Kunaram, bei dem genau gegenüber eine schmale, asphaltierte Straße in die Berge führt, entlang etlicher Bananenpflanzen, Bäumen mit Mango-, Durian-, Rambutan-, Langsat- und Mangosteen-Früchten und natürlich Kokosnusspalmen. Die ersten Steigungen halten sich in Grenzen, im Verlauf jedoch wünsche ich mir, die Straßenbauer hätten zwischendurch mal die ein oder andere Serpentine geplant. Auch wenn der kleine Brio einen Berggang hat, wird er vor den steilen Kuppen verdächtig langsam.
Hier oben ist es angenehm kühl. Im Park, neben vier russischen Familien sind wir die einzigen Besucher, begrüßen uns etwa fünfzig zahme Wellen- und Nymphensittiche in ihren begehbaren Volieren. Mit Futter in der Hand sind Köpfe und Arme beliebte Landeplätze für die schnatternden Vögel. Brüten tun sie übrigens stilecht in ausgehöhlten Kokosnüssen. Ein paar Meter weiter gehen wir mit lie-

bevoller Unterstützung der Park-Mitarbeiter mit einem Leguan, einem Pfau, Hasen, Affen, bunt bemalten Tauben, und Kakadus auf Tuchfühlung. Das Gibbon-Männchen, namens Coca Cola, setzt sich auf meine Schultern und stibitzt Johanns Schnuller aus dem Kinderwagen, während Carl Zwergkaninchen ausführt, Papageien mit Bohnen füttert und Beos Deutsch beibringt.

„Und was machst du so den ganzen Tag?"

Auf der Bergkuppe befindet sich auch das Parkrestaurant, der Kinderspielplatz, Kinder-Fahrzeuge und Schaukeltiere, weitere Käfige und Volieren sowie der Infinity-Pool. Von hier aus ist das Meer mit den vorgelagerten Five Islands, der Angthong Marine Nationalpark sowie das schemenhaft erkennbare Festland zu sehen. Es wirkt, als schwebten wir über diesem Tal.
Eine kleine Rundtour durch den Park bildet den Abschluss des Besuchs. Stufen führen einen steilen Hang hinunter, anschließend wieder herauf, unterwegs füttern wir Ponys, Emus, Rehe, Strauße und Truthähne. Die Paradise Park Farm ist eine typische Familienurlaubs-Station. Mir gefällt, dass sie nicht überlaufen und sehr gepflegt ist. Vor allem wirken die Tiere allesamt gesund und munter.

Nachdem die Bremsen des Hondas auf dem Rückweg gezeigt haben, was sie können, geben die Jungs zu Hause Gas. Irgendwann geschieht es. Johann watschelt mit seinen nackten Füßchen um den Wohnzimmertisch, inspiziert dies, inspiziert jenes, brabbelt, quietscht, lacht und wendet sich mir zu. Er nimmt die Hände vom Tisch und ... läuft. Ein Schritt. Schwenk nach rechts. Noch ein Schritt. Schlagseite links. Noch ein Schritt. Ich kriege einen Riesenschreck (warum eigentlich?) und strecke meine Hände aus, um ihn aufzufangen. Jetzt quietsche ich. Mein Baby kann laufen! Das geht doch gar nicht! Oder doch? Kurz habe ich Sorge, dass ich vor Stolz platzen würde, so dass ich dieses freudig-ungläubige Gefühl schnell in Knuddel- und Knutschattacken umwandle. Johann lässt das kalt. Er quiekt zwar kurz mit, will aber weiter spielen. Und weiter laufen. Was diese Mutter nur hat.

Geschmackssache

Der Übergang der Jahreszeiten wird immer deutlicher. Nachdem es in den letzten Tagen vor allem nachmittags und nachts geregnet hat, ist heute der Himmel schon seit den frühen Morgenstunden von hell- bis dunkelgrauen Wolkenfeldern bedeckt, die sich mal mehr, mal weniger über uns ergießen.

Lek hat uns vor ein paar Tagen das Restaurant „Starry Seafood“ empfohlen. Es ist ein nach drei Seiten offenes Haus mit offener Küche, ein paar Aquarien vor der kleinen Theke und etwa sieben Tischen. Hat es heute geschlossen? Niemand ist hier. Wir gehen trotzdem mit einem hungrigen „Sawadee Kah/Kap“ hinein. Hinter dem kleinen Tresen, der den offenen Gastraum von der Küche trennt, kommt ein müde aussehender Koch hervor, unsanft aus dem Schlaf gerissen. Dabei verpasst er doch den ganzen Boxkampf, der auf dem Fernseher an der Theke mit musikalischer Untermalung vor sich hinplätschert. Thaiboxen (Muay Thai) ist der Nationalsport Thailands, bei dem nicht nur mit Fäusten beziehungsweise Boxhandschuhen gekämpft wird, sondern auch mit Ellenbogen, Füßen und Knien. Die bekannteste Technik ist der Kick mit dem Schienbein auf den Oberschenkel oder Rippenbereich. Abhängig vom Regelwerk und Profistufe der Kämpfer darf sogar der Kopf getroffen werden. Für viele ist Muay Thai eine der härtesten Kampfsportarten der Welt.

Da das Restaurant genau zwischen Ringstraße und Strand liegt, sitzen wir direkt neben unserem parkenden Auto, als wir unsere Wahl treffen. Mittlerweile haben wir uns daran gewöhnt, dass die Kellner direkt nach Ankunft, neben den Tischen, geduldig warten, während wir die Speisekarte studieren. Thai-Gäste scheinen sich, zumindest nach unseren Beobachtungen, schon vor dem Besuch überlegt zu haben, was sie essen mögen. Anders kann ich mir den Pseudo-Blick in die Karte und die wenige Sekunden andauernde Entscheidungsphase nicht erklären. Torsten bestellt einen Fisch, einen giant sea perch, der noch in einem der fünf Aquarien schwimmt. Dorthinein gelangte er heute Morgen, nachdem er vom Fischer gefangen und natürlich verkauft wurde, versichert der jung aussehende Kellner. Ich entscheide mich für seinen Nachbarn, einen Red Snapper. Umständlich versuche ich zu erklären, wie scharf das rote Curry sein soll, in dem der Fisch in ein paar Minuten schwimmen darf. Dann folgen wuchtige Schläge, Gebrutzel und das Schabegeräusch des Pfannenwenders im Wok, bis das Wasser im Munde zusammenläuft.

Eben schwamm er noch im Wasser.

Das Essen schmeckt hervorragend. Ich muss mir allerdings eine andere Erklärung meines Schärfe-Wunsches ausdenken, denn das Curry treibt mir die Tränen in die Augen, so dass ich von dem paradiesischen Blick auf das Meer nicht viel mitkriege.
In den letzten Wochen habe ich eine überaus erfolgreiche Strategie entwickelt, die es ermöglicht, Johanns und meinen Hunger gleichzeitig zu stillen. Diese erfordert hohe Konzentration, Gespür für das richtige Timing des In-den-Mund-Steckens, Löffelkoordination und vor allem Besteckmanagement. Vor lauter Sorge, dass Johann in einem unachtsamen Augenblick mein Curry im Mund hat, während ich sein Heinz-Gläschen mit Karotte und Pastinake esse, muss jeder Löffel, egal, in welchen Mund er führt, genau überlegt sein. Nun kommt auch der Vater des jungen Kellner-Kochs vorbei. Er schäkert mit den Kindern, fragt, ob wir aus Japan kommen würden (auf die Frage folgt brüllendes Gelächter seinerseits) und fängt an, die Platte des Nebentischs zu streichen. Scheinbar gibt es keinen besseren Zeitpunkt, um sie in rosa Farbe zu tauchen.

Am Maenam Beach beginnt die Besichtigungstour. Für unsere Verhältnisse haben wir schon lange durchgehalten, ohne ein Hotel zu besichtigen. Aber heute schlägt der Virus wieder zu, und es stehen gleich zwei Unterkunftsriesen auf dem Plan, die, obwohl sie beide in der Luxusklasse angesiedelt sind, nicht unterschiedlicher sein können. Das erste ist das „Santiburi Golf Resort & Spa", ein Hotel das internationalen Fünf-Sterne-Luxus im klassischem Sinne bietet und erst vor wenigen Jahren eröffnet wurde.

Leider prasseln dicke Regentropfen millionenfach auf uns hernieder, so dass wir nach einem kurzen Stopp in der üppig dekorierten Lobby durch die Gartenanlage huschen, um einen Unterschlupf zu finden. Am Strand dürfen wir uns im geschützten Restaurant aufhalten. Bei schlechtem Wetter sind natürlich alle Sonnenliegen abgedeckt, aber das Ambiente muss bei entsprechendem Wetter wunderbar sein, nicht zuletzt wegen der Vielzahl an Hängematten zwischen den Palmen. Die Gäste sind allesamt gut gekleidet. Ich selbst würde nicht mit weißer Bluse und Sakko an den Strand gehen, aber das ist Geschmackssache. Während wir uns umsehen en, hat Carl großen Gefallen daran, zwischen den Schirmen hindurchzuhuschen, so dass er jetzt aussieht, als komme er vom Tauchen. Mit durchtränktem Kind lassen wir die Führung durch das Hotelpersonal lieber aus.

Zwei Kilometer entfernt liegt das Kontrastprogramm, das „W (ausgesprochen: Dabbel-Ju) Retreat Koh Samui", ebenfalls mit fünf Sternen dekoriert, allerdings modern interpretiert und erst 2010 eröffnet.

Noch vor dem Eingang, an dem mit Spiegelfliesen beklebten, überdimensionalen W, werden wir abgefangen, der Wagen umgeparkt. Ein Honda Brio passt nicht vor das Architektenhaus. Aufgrund der Nebensaison-bedingten Besetzung kann kein Mitarbeiter das Hotel zeigen. Außer der lauten Lobby-Musik, der Aussicht über einen 20 cm tiefen Infinity-Pool hinweg, den Designerlampen und schwulen Pärchen, lassen sich zwei weitere überdimensionale weiße W-Buchstaben erahnen, einer am oberen Pool und einer direkt auf dem Sandstrand. Das macht neugierig. Wir lassen nicht locker, bis wir schließlich an der Beachbar sitzen. Hier, unterhalb des Hügels, ist die Musik noch lauter. Sichtbetonwände, kombiniert mit maigrünen Sitz- und Liegelandschaften, dunklem Tropenholz und Bambusrohren offenbaren die Handschrift des Architekten, der sich hier verwirklicht hat. Sowohl bei den Angestellten, als auch bei den Gästen scheint es einen Dress Code zu geben. Während die Angestellten weiße Oberteile zu Dreiviertel-Jeanshosen tragen, besteht die Uniform der Hotelgäste aus platzsparenden Designeroberteilen und Cowboy-Stiefeln. Cool und lässig. Auf den zweiten Blick wirken sie wie die Instandhaltungs-Crew mit ihren Cowgirls.

An der Bar warten wir auf Ginger Ale und Ananas-Saft für den Preis eines dreigängigen Abendessens. Das Design gefällt mir, aber warum ist es so ungepflegt? Warum ist der hoteleigene Strandabschnitt zugemüllt? Warum liegen Getränkedosen in den Hecken und neben den Chill-Landschaften leere Bierflaschen und benutzte Handtücher? Warum haben nahezu alle Kissen mindestens einen Brandfleck? Ich schiebe es auf die letzte rauschende Partynacht und die Nebensaison. Abgerundet wird unser Bild durch einen total coolen und lässigen Barkeeper, der seinen Rührlöffel beim Mixen eines Cocktails zum Probieren zunächst in seinen Mund, dann wieder zurück in das Glas des außerordentlich coolen und lässigen Gastes steckt. Stößchen!

Folgen der Full Moon Party

Strandbadetage stressen mich. Ich gebe ungern zu, dass dies unser erster Strandbadetag ist. Ich meine, wir leben seit 48 Tagen (wenn auch mit Unterbrechung) auf einer tropischen Insel und sind bislang lediglich knietief ins Meer getaucht. Strandbadetage bedeuten, eine Menge Klamotten an einen zugegebenermaßen anschaulichen Ort zu schleppen, pausenlos auf Kinder und Wertsachen aufzupassen, in der Vergleichsstudie zu merken, dass man dringend Sport treiben müsste, um dann am Ende aus einem Gemisch aus Salz, Sand und Sonnencreme zu bestehen. Mit Baby am Strand zu liegen, ist keine Erholung. Johann unterzieht jegliches Strandgut einem Geschmackstest, am Abend ritze ich Sand aus allen Körperöffnungen. Ich bin – ganz klar – kein Strandbademensch. Und heilfroh, dass auch Torsten dieser Spezie nicht angehört.

Traumkulisse am Maenam Beach

Heute ist Strandbadetag. Carl zuliebe, denn für ihn gibt es nichts Schöneres als im Sand zu buddeln, bauen, graben, baggern und damit zu schmeißen. In der kleinen Bucht zwischen Bang Por und Maenam Beach, die wir zusammen mit Birgit besucht haben, parken wir im Gebüsch zwischen Kokosnusspalmen und Strandsträuchern, bevor wir unser mitgebrachtes Hab und Gut an den Strand befördern. Carl quiekt und quietscht vor Freude, als Torsten mit ihm ins Meer schreitet. Weit können die beiden nicht hinausgehen, da der Meeresboden nach nur ein paar Metern steil abfällt. Ein prima Schwimmstrand, der wetterbedingt aufgewühlt ist. Gerade, als ich es mir mit Baby auf dem Schoß an Land bequem machen will, fängt Torsten hektisch unseren Sohn ein, um gemeinsam aus dem Meer zu flüchten. Eine kleine, feuerrote Stelle an Torstens Unterschenkel zeugt von der auf Samui selten auftretenden Begegnung mit einer Qualle. Lasst uns weiterziehen, Maenam Beach ist bestimmt quallenfrei. Auf der kurzen Autofahrt schläft Johann ein, was den weiteren Verlauf des Strandbadetags außerordentlich erleichtert. An unserem neuen Ziel herrschen tolle Bedingungen. Die Wellen und eine Säge bilden die Geräuschkulisse, während die Sonne ab und zu durch die Wolkendecke lugt, dabei eine leichte Brise mitbringt. An die steten Baugeräusche haben wir uns längst gewöhnt. Samui und Flex-, Hämmer- oder Schleifgeräusche gehören halt zusammen.

Unserem Sohn geht es fantastisch, zumindest entnehmen wir dies seinen Jubel-Geräuschen, als er im Sand liegt und sich die flachen Wellen an seinem Körper brechen. Das angespülte Strandgut, Kokosnüsse und Baumwurzeln, wird sogleich in den Bau einer Burg integriert. Dann gehen wir gemeinsam ins Wasser, lachend, kreischend und uns in die Wellen schmeißend. Dieses Mal ist es quallenfrei. Wie erfrischend das Meer ist! Wie angenehm es ist, sich von den Wellen treiben zu lassen! Was habe ich sieben Wochen lang verpasst! Ich bin doch ein Strandbademensch!

Als Torstens Gesicht nach dem Auftauchen von panischem Ekel gezeichnet ist, weiß ich, dass es Zeit ist, die große Badewanne schnell zu verlassen. Außer Atem frage ich an Land, wie groß die Qualle gewesen und ob er wohlauf sei. „Keine Qualle", ist seine Antwort. Mit ungläubigen Augen schaut er mich an. „Ich hatte ein Kondom auf der Nase!" Soll ich mich schütteln? Oder lachen? Das gute Stück hat bestimmt während der vor wenigen Tagen stattfindenden Full Moon Party auf Koh Phangan seinen großen Auftritt gehabt und findet nun für die nächsten 20 bis 100 Jahre im Golf von Thailand ein neues zu Hause. Gute Reise.

Man muss die Feste feiern wie sie fallen

Dass die Gespräche intensiver werden, die wir mit auf Samui ansässigen Menschen führen, merken wir an Yaa. Sie gehört zu einer kleinen Gruppe Frauen, die wir am Viewpoint zwischen Chaweng und Lamai treffen. Zunächst haben wir kein Auge für die drei gut gekleideten und in einer Tour kichernden Mädels, sondern nur für die Aussicht auf die Strandabschnitte Chaweng Noi und Chaweng, sowie das glitzernde Meer. Beim Versuch, aus der Ferne die Bauten zu zählen, die sich am weißen Sand aneinander schmiegen, geben wir jenseits der 40 auf. Treppenstufen sowie ein betonierter Pfad führen zum tiefer gelegenen Meer. Die Sicht unterscheidet sich nicht wesentlich von dem eigentlichen Aussichtspunkt an der Ringstraße, an dem unser Auto wartet. Aber hier unten lässt es sich eine

Weile aushalten, zumal es heute sehr heiß ist, und wir auch gar keine anderen Pläne haben. So kommt es, dass Torsten von Yaa gebeten wird, ein Foto der drei Grazien zu knipsen, während wir zusammen mit anderen Besuchern auf den Felsen sitzen, die Wellen beobachtend. Carls Wunsch, auch mal ein Foto der Damen schießen zu dürfen, entwickelt sich zu einer lustigen, nicht enden wollenden Foto-Session. Immer noch kichernd bedanken sich die Frauen ausgiebig bei ihm, bevor sie sich zu uns gesellen. Ihr Englisch überrascht uns. Mit deutlicher Aussprache, korrekter Grammatik und einem stattlichen Wortschatz erzählen sie, dass sie ein großes Wiedersehen feiern. Alle drei haben in Bangkok studiert, sich aber über zwei Jahre nicht gesehen. Yaa sei nach Samui zurückgekehrt, wo ihre Familie lebt, Jit und Joy seien in Bangkok geblieben. Während Jit und Joy vor allem an unserem Baby interessiert sind, mit ihm Kitzel- und Versteckspiele spielen, unterhalten wir uns mit Yaa. Sie ist schätzungsweise Mitte/Ende 20. Sie könnte eine Schauspielerin sein. Oder Model oder Sängerin. Mit ihrem Pony, ihrem makellos geschminktem Gesicht, der weißen Bluse und dem knielangen Rock wirkt sie wie jemand, der heute Morgen noch bei MTV Asia zu sehen war. Bevor ich in weitere Spekulationen abtauche, frage ich lieber.

„Ahh. No, no. I run forty bungalows at Lamai Beach. It is a family business including beachfront restaurant and a range of tourism-related facilities such as laundry service, motorbike rentals, a shuttle service, a tour excursion desk and a foreign exchange service."

Da habe ich wohl falsch gedacht, der MTV-Gedanke scheint ihr trotzdem zu gefallen. Nachdem ich ihr mein berufliches Schaffen offenbart und mich als weit entfernte Kollegin ge-outet habe („Business same same, but different."), fachsimpeln wir über die touristische Zukunft der Insel. Es wehe nun ein anderer Wind, ist sie überzeugt. Viele Freunde und Familienmitglieder, die von den wohlhabenden Familien Samuis nach Bangkok geschickt wurden, um dort ihre Ausbildung abzuschließen, kehrten nun zurück und übernehmen das Management der Familiengeschäfte. Inwiefern weht dadurch ein anderer Wind?, frage ich. Yaa lächelt. „You know. Samui is Samui. And Bangkok is Bangkok." Erst allmählich überlagere der urbane Lifestyle die landwirtschaftlichen Strukturen, die Rückkehrer seien eine neue Generation an Entrepreneurs, ganz frisches Blut mit vielen Ideen, geprägt vom Flair der Millionenstadt, erklärt sie. In der Vergangenheit seien die meisten Tourismus-Manager Eigentümer von Kokosnussplantagen und scheinbar unnützem Land an der Beachfront gewesen, altmodisch. Sie selbst plane derzeit eine Umwandlung ihrer „tourist style bungalows" in ein modernes Resort mit Villen, Spa und Design-Anspruch. So wie einige ihrer Freunde es schon getan haben. Den Bauplan hat sie natürlich gleich parat. Ganz in ihrem Element erklärt sie jedes Detail der neuen Anlage. Auf Carls Frage, wo der Spielplatz sein wird, zeigt sie ein nicht entschlüsselbares Lächeln. Sie müsse noch warten, redet sie weiter, ohne auf ihn einzugehen, bis das Bauunternehmen ihrer Wahl Zeit habe. „There is a lot of construction going on around the island."

Auf der Fahrt nach Nathon denke ich über die neue Management-Generation nach. Es wird spannend, wie sie das Antlitz Samuis verändern werden. Auf jeden Fall bringen sie eine Menge Esprit und Offenheit mit, zumindest tut es Yaa.

In der Inselhauptstadt beginnen die Vorbereitungen für das Chak Phra Fest. Entlang der Hafenstraße werden auf mindestens einem Kilometer Länge Gerüste für Verkaufsstände aufgebaut, die später mit Planen bedeckt und eingerichtet werden. Die jährlichen Feierlichkeiten markieren das offizielle Ende der dreimonatigen, buddhistischen Regenzeitklausur, während der die Mönche in ihren Tempeln bleiben. Begleitet wird das religiöse Fest von zahlreichen Boot-Prozessionen, wie wir sie bereits mehrfach gesehen haben, intensiven Opfergaben, Bootrennen und abendlichen Shows.

In Thailand werden traditionelle thailändische, buddhistische und auch westliche Feiertage begangen. Die meisten thailändischen Feiertage richten sich nach dem Mondkalender, finden daher von Jahr zu Jahr an einem anderen Datum statt. Ob Elephant Round Up Festival in Surin, Lotusblumenfest in Samut Prakan, Vegetarisches Festival in Phuket, die Geburtstage König Bhumibols oder Königin Sirikits, regionale Festivitäten oder buddhistische Feiertage – thailändische Feste sind immer etwas Besonderes. Vor ein paar Jahren hatten wir die Gelegenheit, Songkran, das thailändische Neujahrsfest mitzufeiern. Es ist der bedeutendste Feiertag des Landes und findet jedes Jahr zwischen dem 13. und 15. April statt. Traditionell werden Buddha-Figuren sowie alte Familienmitglieder mit kleinen Mengen Wasser übergossen. Die rituellen Waschungen haben sich im Laufe der Zeit zu exzessiven Wasserschlachten entwickelt, bei denen sich alle Personen gegenseitig nass spritzen. In Bangkok wurden wir zunächst mit Babypuder bestäubt, dann an jeder Straßenecke mittels Wasserpistolen, Schläuchen, Eimern und Flaschen durchnässt. Sogar auf den Ladeflächen der Pick-Ups ließen sich Feiernde gruppenweise, zusammen mit einer Regentonne zum Nachfüllen, durch die Straßen fahren, um Fußgänger, Moped- und TukTukfahrer zu bespritzen. Ein Riesenspaß, den ich nie vergessen werde.

Auch das Lichterfest Loi Krathong würde ich gern einmal besuchen, denn es gilt als eines der imposantesten Feste Thailands. „Leider" findet es eine Woche nach unserer Abreise statt. Mit Blumen, Räucherstäbchen und Kerzen geschmückte Schiffchen aus Bananenblättern, manchmal auch riesige Styroporkreationen, werden in Flüsse und Kanäle gesetzt, mit denen die Flussgöttin Mae Khongkha geehrt sowie Sünden und Unheil davon geschwemmt werden sollen. In einigen Regionen lässt man auch Kong-Ming-Laternen, kleine, leuchtende Heißluftballons aus Papier, steigen.

Aber Moment mal, Abreise? Zum ersten Mal seit Wochen kommt es mir in den Sinn, dass wir in absehbarer Zeit in den deutschen Alltag zurückfliegen werden. Es fühlt sich an wie der Start in ein neues Jahr, vertraut und neu, unbequem und schön. Nein, nein. Weg mit dem Gedanken! Noch sind wir hier. Basta.

Wasser

Am Nachmittag bekommen wir einen weiteren Mitbewohner. Mein Schwager Eike, kinderloser Single, kommt zu Besuch. Er wird den Rest unseres Aufenthaltes bei uns verbringen und das zweite Bett in Carls Zimmer belegen. Eike ist Asien-Anfänger. Ich bin gespannt, wie er sein „erstes Mal" erlebt, genau das, was für uns in den letzten Wochen zur Normalität geworden ist.

Bevor hier jemand einziehen kann, muss allerdings noch viel passieren. Grummelnd gehen wir den ausgelosten Aufgaben nach. Nachdem ich mit schrumpelig-roten Spülhänden eine Skulptur aus Porzellan, Glas und Metall gebaut habe, übernimmt Torsten den Abbau – schichtweise und mit nicht unerheblicher Adrenalinausschüttung. Dann fährt er mit Carl zum Flughafen, und irgendwie dauert es auch gar nicht lange, bis der Brio mit dem zusätzlichen Insassen zurückkehrt. Der Anblick meines Schwagers wirkt seltsam, denn er ist, aus dem deutschen Spätherbst kommend, kreidebleich. Richtig krank und grau sieht er aus. In der einen Hand hält er seine Reisetasche, in der anderen die dicke Daunenjacke. Johann starrt ihn an, als käme er von einem fremden Planeten, während Carl tanzt, schreit, juchzt und in den Pool springt. Na dann, herzlich Willkommen und alle Mann hinterher!

Eike hat zuvor einen Zwischenstopp in der Millionenmetropole Bangkok eingelegt und weiß viel zu erzählen über die vergangenen 72 Stunden. Vom märchenhaften Königspalast und dem Königstempel Wat Phra Keo, über den traditionellen Einkaufsbezirk Banglampoo, in dem auch die vermeintliche Sehenswürdigkeit Khaosan Road liegt, jener Straße, die vor dem Film „The Beach" mit Leonardo di Caprio noch der internationalen Backpacker-Szene gehörte, bis zum Wat Pho, dem Tempel mit dem liegenden Buddha – Eike ist begeistert von seinem ersten Bangkok-Pflichtprogramm. Natürlich durfte auch die Silom Road, eine der lebendigen Hauptgeschäftsstraßen, Chinatown und die Aussicht vom 83. Stockwerk des Baiyoke Towers nicht fehlen. Jetzt ist er völlig erschöpft, die Stadt hat ihn geschafft.

Beim Zubettgehen gleicht der Wasserdruck im Badezimmer einem Rinnsal, der nach wenigen Sekunden gänzlich versiegt. Das gleiche Bild in der Küche. Horrorszenen tauchen vor meinem inneren Auge auf: drei Erwachsene und zwei Kinder in einem kleinen Haus, und keiner kann sich waschen, duschen, geschweige denn die Toilettenspülung benutzen. Es hat doch vor ein paar Tagen geregnet, warum hat Santi Thani kein Wasser mehr? Ich rufe Lek an. Vielleicht weiß sie, wann die nächste Wasserlieferung erwartet wird.

„Hello Khun Lek. This is Sabine. We have a problem. We do not have water."

„Ahhh. Internet?"

„No. No have water. Maybe Santi Thani no have water. You know?"

„Ahhh. I come and check pump."

Nur zehn Minuten später steht sie im Wohnzimmer, verwirrt zwischen mir, Torsten und Eike umherblickend. Mit ihrem, uns bereits vertrauten, Pokerface scannt sie den Marsmenschen von oben nach unten, bis dieser nervös auf seinem Sessel hin- und herrutscht. Als Eike sich vorstellt, indem er ihr seine Hand entgegenstreckt, wai-t sie ausdruckslos zurück und wendet sich den Kindern zu. Sie habe bereits einen Schalter umgelegt, erklärt sie, wir sollten es einmal versuchen. Mit lautem Schwall schießt uns das kühle Nass entgegen. Glück gehabt! Aber warum ist es so braun?
„Second tank from Santi Thani. Water no good."
Dass trinkbares Wasser aus dem Wasserhahn ein Luxusgut ist, das wir in Deutschland viel zu wenig zu schätzen wissen, fällt mir nicht erst jetzt auf. Zwar haben sich unsere Handgriffe beim Kochen und Abkochen mittlerweile automatisiert, aber es bleibt vergleichsweise aufwendig. Ganz zu schweigen vom Einkauf und Schleppen der Trinkwasserkanister und -flaschen, die wir zum Trinken, Zähneputzen, Kochen, Abspülen, Abkochen und Babyhaarewaschen verwenden. Milliarden Menschen machen es so, sofern sie Zugang zu Wasser oder sich gar den Luxus der Trinkwasserflasche leisten können.

Nächste Herausforderung: Entsorgung der Trinkwasserflaschen

So, Eike, jetzt solltest du aber wirklich ins Bett gehen. Ich befürchte nämlich, dass die zwei Mini-Farangs morgen Früh kein Verständnis für deinen Jetlag zeigen werden.

Inselerlebnisse 2.0

Carl hat strikte Anweisung bekommen, seinen Onkel schlafen zu lassen. Nun ja, das hat am ersten Morgen nicht geklappt, denn Eike hat einen entscheidenden Fehler begangen: er hat seine Augenlider genau in dem Moment einen Spalt geöffnet, als mein Sohn den Schlafstatus seines Zimmergenossen überprüft. Anfängerfehler! Jetzt hat er verloren und liegt seit geraumer Zeit nicht mehr allein in seinem Bett. Neben ihm stapeln sich Lego-Bauten, Autos und ein ganzer Flughafen. Und natürlich Carl, der ohne Punkt und Komma auf ihn einredet.
Gemeinsam mit Eike spulen wir unser persönliches Inselprogramm für Anfänger ab: Tempelglocken schlagen beim Big Buddha, Tangerine Shakes trinken beim Wahrsager, die Welse beim Wat Plai Laem füttern, den mumifizierten Mönch besuchen, in Nathon shoppen, in Bang Por beachen, den Penisfelsen besuchen, bei Thomas und Jaroay essen, an Garküchen essen, überall essen.

Frisches Obst und Gemüse am Straßenrand

Der Arme kommt nur langsam an. Überwältigt von ungewohnten Impressionen sagt er lieber gar nichts und trottet verloren hinter uns her, während wir ihm die Must-See's der Insel präsentieren. Erst nach ein paar Tagen schafft er es, seinen Gefallen an der Umgebung zu artikulieren, und seine Begeisterungsfähigkeit kehrt zurück. Carl ist unterdessen überglücklich, dass er, außer uns, einen Gesprächspartner hat, der seine Sprache versteht. Und das nutzt er schamlos aus,

indem er ihn von morgens bis abends belagert. Ich nutze schamlos aus, Pause als Zuhörerin zu haben, höre daher nur mit einem halben Ohr zu:
„Eike, guck mal hier!“,
„Eike, guck mal da!“,
„Zwei Augen sehen mehr als eins. Oder?“,
„Hat man eigentlich mehr Zeit, wenn man sich beeilt?“,
„Eike, wie bist du eigentlich mein Onkel geworden?“

Neben all den Orten, die wir mindestens zum zweiten Mal besuchen, stehen auch die Namuang Wasserfälle auf dem Programm, die zwischen Nathon und dem muslimischen Dorf Hua Thanon mit dem Auto zu erreichen sind. Da der Namuang 2 nur über eine Wanderung oder auf einem Elefanten zugänglich ist, beschränken wir uns auf die Nr. 1, einem Wasserfall, der aus 18 Metern in ein Felsenbecken plätschert, in dem bereits zahlreiche Kinder plantschen. Am heutigen Sonntag nutzen viele Familien diese Location, um zu baden, von den Felsen ins Becken zu springen und vor allem zu picknicken.

Bislang auch noch nicht besucht, haben wir den Wat Lamai & Cultural Hall, einen 200 Jahre alten Tempel mit angrenzender Veranstaltungshalle. Leider ist bei unserer Ankunft alles verriegelt, daher bleibt uns die Sammlung von Artefakten aus Samuis Vergangenheit vorenthalten. Erhaschen können wir lediglich einen Blick in die offene, muffige Veranstaltungshalle, in der Hochzeiten, Beerdigungen, Konzerte, Messen, religiöse Feste und sogar ein Open-Air-Kino stattfinden soll. Hinter dem bunt bemalten Ubosot befindet sich ein großer Schutthaufen. Schon wieder eine Baustelle? Nein, dies scheint keine zu sein oder jemals werden zu wollen. Auf den zweiten Blick erkennen wir die Ansammlung tausender zerborstener Dachziegel – beschriftet mit guten Wünschen ehemaliger Tempelbesucher. Zu wörtlich sollte man die Dachziegelsignatur zum Erhalt des Tempels nicht nehmen.

Was braucht man mehr?

Wieder zeigt sich der Golf von Thailand zwischen Samui und Phangan mit einer spiegelglatten Oberfläche, so dass die kurze Überfahrt mit dem Speedkatamaran, dieses Mal eine kleinere Version, folgenlos bleibt. Auch auf der Nachbarinsel bestimmt das Chak Phra Festival das öffentliche Leben. Die piernahen Straßen sind gesäumt von Straßenständen, allerdings um diese Tageszeit noch mit Planen verhangen. Das Fest schauen wir uns später an, nun wollen wir erstmal in den Norden der Insel, nach Ao Chaloklum, fahren. Das Sammeltaxi chauffiert uns durch das Landesinnere Phangans, durch grüne und hügelige Landschaften. Die Straße in den Norden scheint neu zu sein, sie ist erstaunlich breit, hat noch keine Schlaglöcher und verschafft ein ungewohntes Fahrgefühl. Nach einer halben

Stunde geht sie in eine sandige Piste über, und wir erreichen das kleine Fischerdorf, das genau in der Mitte der gleichnamigen, etwa 2,5 Kilometer langen Bucht liegt. Der Fahrer bietet auch gleich an, uns wieder abzuholen. Als ich zögere, macht er unmissverständlich klar, dass wir heute Nachmittag nicht damit rechnen sollten, dass hier oben zufällig ein Songthaew vorbeikomme. „Phangan Samui no same same. Phangan quiet.", referiert er, bevor wir eine feste Abholzeit vereinbaren. Ruhig und lässig – das sind die treffendsten Adjektive, die diesen Ort mit Strand beschreiben. Lediglich ein paar Häuser mit Mini-Seven-Eleven-Markt, Apotheke, ein kleiner Pier sowie vereinzelte Longtail-Boote drängeln sich ins Sichtfeld. Und die fünf Männer, die es sich in Piernähe unter einer schattigen Palme bequem gemacht haben, Schach spielen, dabei unentwegt lachen. Wenn ihr ein Taxi-Boot braucht, sind da hinten die Bootsführer, ruft uns der Fahrer des Sammeltaxis noch entgegen. Nur ein paar Minuten später sitzen wir auf den Holzbänken eines Luxus-Longtail-Boots, zum Haad Khuat schippernd, besser bekannt als „Bottle Beach". Vorbei an Felsen, romantischen Buchten mit steil aufragendem Hinterland und bewaldeten Bergen erreichen wir nach 15 Minuten den Traumstrand mit türkisblauem Wasser und dem feinsandigsten Sand unserer bisherigen Reise. Erst, als wir unsere Schuhe an Land schmeißen und mit nackten Füßen vom Boot ins Wasser gleiten, wird mir bewusst, dass sich, außer uns, keine Menschenseele am Bottle Beach befindet.

Was für eine chillige Beach-Romantik! Kommt, die Schuhe lassen wir hier liegen, erstmal essen wir etwas bei einer der kleinen Bungalow-Anlagen, da hinten! Vier davon soll es hier geben, das verrät der Blick auf die Karte. Während das Knattern des Longtail-Boots leiser wird, bis es schließlich um den großen Felsen, Richtung Ao Chaloklum, gebogen ist, toben wir durch Sand und Wasser bis zu den ersten Häusern. Hinter den Palmen steht ein froschgrüner Bauzaun, der eindeutig zeigt, dass hier nicht gekocht wird. Hört ihr das? Diese Stille!

Die nächsten Bambushütten sind ebenso geschlossen, wie auch die Reihe hölzerner Beachbungalows am Ende der Bucht. Stimmt, es ist ja Nebensaison. Es ist tatsächlich niemand hier. Wir lassen uns im Schatten eines riesigen Baumes nieder, schwimmen, schorcheln, buddeln und hoffen insgeheim, dass der Bootsführer uns nicht vergisst. Die Kinder werden in der gruselig-schönen Szenerie mit den letzten Keksen und Fruchtschnitten gefüttert. Wenn uns der Bootsführer vergessen sollte, hätten wir zumindest eine Schlafgelegenheit, stellen wir fest. Der aus einem Holzverschlag bestehende Bungalow Nummer vier der „Bottle Beach II Bungalows" ist nämlich nicht verschlossen. Seine erhöhte Terrasse (der Bungalow steht auf Stelzen im Sand) ist genauso groß wie sein Inneres. Vier Quadratmeter im Wohn-/Schlafraum werden hälftig ausgefüllt von der auf einer Holzpritsche liegenden Matratze, die in ihrem Leben schon viel erlebt hat. Einen weiteren Quadratmeter umfasst das Bad mit Duschhahn, im Fußboden befindliches Pinkel-Loch sowie blindem Plastikspiegel. An tierischen Mitbewohnern mangelt es auch nicht, von denen die Hälfte an der kaputten Glühbirne baumelt. Einsamkeit, Bilderbuch-Strand, das Rauschen des Meeres – was braucht man mehr?

Zugegebenermaßen wäre der Schlafplatz die geringste Herausforderung gewesen, hätte der Taxiboot-Fahrer die Nebensaison-Farangs vergessen. Hat er aber nicht. Überpünktlich knattert er um die Ecke, um uns zurück in die Zivilisation mit Trinkwasser, Restaurant und wartendem Songthaew zu schiffen.
Es ist inzwischen später Nachmittag, das Festival am Thong Sala Pier in vollem Gange. Unter einem überdimensionalen Planendach picknicken tausende Menschen, dichtgedrängt, in kleinen und großen Gruppen. Mit Plastikbechern in der Hand (ich hätte zu gern gewusst, womit diese gefüllt sind) richtet sich ihr Blick aufs Meer.
Am Ufer des kleinen Stadtstrandes schwimmen golden geschmückte Tempelboote, deren Fahnen aufgeregt im Wind flattern. Daneben Speedboote. Sie sind umringt von ihm Wasser und am Strand tanzenden Thais – Männer, Frauen und Kinder. Laute Techno-Musik dröhnt von der anderen Strandseite zu uns und ihnen herüber, genau wie das Juchzen, Kreischen und Gröhlen der sich im Takt bewegenden Meute, die in der Nähe der Strandstraße feiert. Ebenfalls im Wasser steht ein Schwebebalken, Schauplatz eines beliebten Spiels. Zwei Teams, erkennbar an ihren roten und blauen Uniformen, verteilen sich um das Spielgerät, während zwei Teammitglieder auf den Balken klettern, sich auf Kommando des lautstarken Kommentators aufeinander zubewegen, um einander vom Balken ins Wasser zu schmeißen. Gelingt es einer Seite, schreien nicht nur die Mannschaftskameraden, sondern auch der Mann am Mikrofon, gemeinsam mit den beschwippsten Zuschauern an Land. Weiter hinten bewegen sich Tänzer auf einer kleinen Bühne schwungvoll zu einer wiederum anderen Melodie, neben Tempelbooten auf Rädern und duftenden Essenständen. Heitere Leute, stimmungsvolle Musik, schmackhaftes Essen – was braucht man mehr?

Gemietete Ehefrau

Einem puren Zufall verdanken wir, dass wir gegen 11 Uhr vor dem Massagesalon von Nat am Bophut Beach stehen. Und einem weiteren Zufall verdanken wir, dass Johann gerade jetzt in seinem Kinderwagen einschläft. Zusammen mit Carl und Eike betrete ich barfuß den klimatisierten Shop. Lediglich drei Liegeflächen stehen an einer Wand, umrahmt und bedeckt von bunt gemusterten Stoffen. „Massaaasch?", erklingt es in heller Tonlage aus einer Ecke. Die bildhübsche Masseurin ruft ihre beleibte Freundin aus dem Nebenzimmer. Während Carl zusammen mit dem Schoßhund auf der dritten Liege Platz nimmt, beginnen die jungen Frauen mit dem Einölen unserer Körper für die „Oil Massage". Nat ist mir sofort sympathisch. Nicht nur, weil sie gut massieren kann, sondern vor allem, weil sie sich nebenbei auch noch rührend um Carl kümmert. Er darf an verschiedenen Ölen riechen und ihr deutsche Wörter beibringen. Dabei achtet er unermüdlich darauf, dass sie die Wörter Papa, Hundeohren und Ipod-Ohrstecker akzentfrei ausspricht. Übersetzen muss ich bei ihrem Gespräch nicht viel, weil Nat überraschenderweise ein paar Brocken Deutsch spricht. Warum sie so gut Deutsch spreche, frage ich. Nat lacht verlegen. „My boyfriend German", antwortet sie, ein Foto eines hochgewachsenen Bundesbürgers aus der Schublade kramend. Verträumt schaut sie es noch ein paar Sekunden länger an. „You massage number five and six. We just opened. My boyfriend opened for me." Das scheint etwas Ernstes zwischen den beiden zu sein. Habe sie zuvor woanders massiert, frage ich neugierig. Die beiden Frauen kichern miteinander, dann wendet sie sich mir zu. „No. After massage school I worked in girlie-bar." Ich weiß nicht, warum ich es geahnt habe, warte eine Weile, um sie dann zu fragen, was mich brennend interessiert: warst Du seine „Mia Chow"? Leise hoffe ich, dass sie mich nicht rausschmeißt. Diesen Begriff habe ich irgendwo gelesen. Wörtlich übersetzen kann man ihn etwa mit „gemietete Ehefrau". Zahlreiche Kunden würden, so der Artikel, ihren Urlaub mit nur einer Sex-Partnerin verbringen, die sie zu Beginn ihres Aufenthaltes kennenlernen. Manchmal entstehe aus dieser Beziehung mehr, viel mehr. Nein, nein, antwortet sie ernst, die Angestellten einer girlie-bar seien nicht immer Prostituierte. Die Aufgabe der Frauen sei es, vorbeiziehende Männer zum Besuch der Bar zu animieren. Und viel zu trinken. Vom Barbesitzer erhielten sie dann eine Provision auf die Getränke. Könne man davon leben, frage ich. Ja, antwortet Nat, ohne zu überlegen. Zusätzlich zur Provision zahle der Barbesitzer ein monatliches Entgelt, damit die Frauen auch bei seiner Bar blieben. Dafür müssten die Frauen aber jede Nacht bei ihm auftauchen. Sie macht eine Pause, kichert erneut mit ihrer Freundin, während sie meine Zehen lang zieht, bis die Gelenke knacken. Nach ein paar Minuten fährt sie fort: wenn sich zwischen Frau und Farang in der girlie-bar mehr anbahnt, seien alle weiteren Verhandlungen Sache der beiden. Die Bar habe damit nichts mehr zu tun. Bis auf die Tatsache, dass der Farang dem Barbesitzer eine Ausfallentschädigung zahlen muss. Denn nun könne die Frau ja nicht mehr zum Trinken animieren. Nat schaut erneut auf das Foto des Deutschen, das sie inzwischen auf dem Beistelltisch abgestellt hat. Liebe auf den ersten Blick sei es gewesen, schwärmt sie, bevor Carl mit einem lauten „Nat, sag noch einmal Hundeohren" unterbricht.

Am späten Nachmittag stehen wir auf einem zum Festplatz umgebauten Parkplatz, in der Nähe des Nathon Piers. In einem ovalen Rund stehen mindestens 15 bunt geschmückte Holzschiffe, auf denen Mönche mit ihren Reisigbesen Wasser auf die sich vor ihnen verbeugenden Gläubigen spritzen. Sie wurden von den einzelnen Tempelanlagen auf der ganzen Insel gebaut, verziert, mehrfach auf die Ringstraße geschickt, um dann am Höhepunkt des Chak Phra Festivals auf diesem Platz zu stehen.
An der Seite befindet sich eine große Bühne, umrahmt von dröhnenden Lautsprechern. Während sich der Platz langsam füllt, die Sonne untergeht, bummeln wir entlang der an der Hafenstraße aufgebauten Festivalmeile. Den Aufbau haben wir bereits vor ein paar Tagen verfolgt, ich bin dennoch überrascht, wie viele

Händler in ihren mobilen Ständen Waren aller Art verkaufen. Abgetrennt durch dunkelgrüne Plastikplanen bieten sie auf provisorischen Holztischen und an den Stahlgerüsten Hosen, Hemden, T-Shirts (Preis jeweils 50 Baht, also 1,25 Euro), Sonnenbrillen, Messer, Silberschmuck, Bettzeug, Kinderspielzeug, Sitzkissen, Schuhe, Lederwaren wie Gürtel und Geldbörsen, sogar Waffen. Wir kehren um, bevor wir das Ende der Festmeile erreicht haben, um uns in Richtung der zahlreichen Essenstände zu orientieren. Mit einem frisch gepressten Orangensaft (der Plastikbecher hängt natürlich in einer Tüten-ähnlichen Vorrichtung) und Garnelen in Erdnuss-Soße richten wir unsere Aufmerksamkeit auf das Bühnenprogramm, einen anmutigen traditionellen Thai-Tanz, aufgeführt von 6-10-jährigen Mädchen.

Auf den Sockelstufen eines Denkmals, mit bestem Blick auf Tempelwagen und Bühne, nehmen wir den unverwechselbaren Duft nach Thailand, dem mit der lauten Musik vermischten Sprach-Sing-Sang, auf, bis Carl um eine Baht-Münze bittet. Wie selbstverständlich nähert er sich dem nächstgelegenen, nun hell erleuchteten Prozessionswagen mit gesenktem Kopf, lässt die Münze in die dafür vorgesehene Schale fallen und wartet auf die Segnung des Mönchs. Mit lachenden Augen wandert sein Blick von den Füßen zu seinem Gegenüber, um dann bei seinem Kinder-wai wieder auf den Boden zu schauen. Mit stolz geschwellter Mutterbrust bin ich überzeugt, dass er hier auch dauerhaft wirklich gut zurechtkommen würde.

Kulinarischer Abschied

Single Eike wünscht sich einen Single-Tag, so dass wir ohne ihn zum „Kamalaya Hotel“ am Laem Set Beach aufbrechen, gelegen im Süden der Insel zwischen Bang Kao und Hua Thanon. Inmitten unberührter tropischer Landschaft liegt das als „Wellness-Juwel“ bekannte Fünf-Sterne-Hotel. Auch wenn mittlerweile die Wellness-Tempel auf der Insel wie Pilze aus dem Boden sprießen, soll dies ein ganz Besonderer sein.

Tum, ein fortwährend lachender Hotelangestellter, öffnet die Autotüren und ist sofort bereit, die Anlage mit dem Golfcart zu zeigen. Unterwegs erfahren wir den Ansatz des Hauses: ob Entgiftungs-, Entschlackungs- oder Verjüngungskur oder Gewichtsreduktion, hier lässt sich bei Naturheilkunde, Meditation und spirituellem Tanz die Körper- und Seelenmitte finden. Mit Kunstgalerie, fehlenden Fernsehern auf den Zimmern und einer Mönchshöhle, die Mönchen früher als Rückzugsstätte diente, will das Hotel zum Entspannen und Entgiften beitragen. Sowohl vom Fitness Center, den am Hang gebauten Wohneinheiten, weißem Strand und den zwei Pools, sind wir restlos begeistert. Die Anlage, Mitarbeiter und Umgebung wirken harmonisch und unaufgeregt. Auf der Fahrt verwickelt Tum meinen Sohn in ein Gespräch. Sein Lachen klingt dabei wie ein Motor, der

partout nicht anspringen will: „Langsam, my friend, kap, hahaha, sorry, snake road, kap, hahahaha, how old, my friend, five, kap, hahaha, your name, my friend, Carl, kap, hahaha.“ Tum macht einen tiefenentspannten Eindruck.
Am Ende der Besichtigung lassen wir die Energie des Ortes noch eine Weile wirken, bestellen Getränke in einer Lounge-Ecke mit atemberaubenden Blick auf das Meer.

Während meine Jungs auf Bewährtes setzen, trinke ich nebst Sonnenblumen- und Kürbiskern-Snack den „Kamalaya Detox Juice“. Kokosnusswasser kühle den Körper und sorge für einen ausgeglichenen Elektrolyt-Haushalt, während frische Ananas und Thai-Basilikum förderlich für die Verdauung seien, erklärt die junge Kellnerin, als sie mir einen dunkelgrünen Cocktail auf den Tisch stellt. Der sogenannte Detox Cooler unterstütze auch bei der Beruhigung des Nervensystems und emotionalem Ungleichgewicht.

Er wirkt sofort. Während ich mich entspannt mit meinem Getränk zurücklehne, beobachte ich Torsten, wie er die Jungs daran hindert, die Einrichtung auseinander zu nehmen. Mmmhh, lecker. So wird es gemacht: 300 ml Kokosnusswasser, 50 ml frischen Ananassaft und 5 g Thai-Basilikumblätter zusammen mit ein paar Eiswürfeln in den Mixer geben und mit mittlerer Geschwindigkeit 30 Sekunden lang mixen. Anschließend entspannen. Torsten will weiterfahren, was ich gar nicht verstehe. Ohmmm.

Mittags geht es kulinarisch in die zweite Runde. In der Küche stehend lockere ich zunächst Nacken- und Schultermuskulatur. Mein persönliches Geheimnis einer gelungenen Tom Kah Gai ist schließlich eine lockere Köchin. Ich lasse einen halben Becher Kokosmilch und einen halben Becher Wasser mit ein paar klein geschnittenen Stängeln Zitronengras, Galgant und Kaffir-Zitronenblättern aufkochen, bevor ich Tomaten, Zwiebel, Champignons und Hühnerfleisch hinzufüge. Umrühren, einen Esslöffel Fischsauce sowie zwei Teelöffel Zucker dazu, noch einmal umrühren, mit Chili-Paste und Limettensaft verfeinern, probieren, Korianderblätter und Frühlingszwiebel hinzufügen, genießen. So hat Nancy es von ihrer Oma gelernt. Und so schmeckt sie am besten.
Den geschmacklichen Genuss des Tages rundet ein Besuch im „Barracuda Restaurant“ in Maenam ab. Dass man auf Samui auch auf Sterne-Niveau speisen kann, habe ich gelesen. Zudem ist wahrscheinlich jede Küche dieser Welt irgendwo auf der Insel vertreten. Schicker angezogen als sonst, lassen wir uns im Mini-Restaurant an der Straße nieder, das von außen zwar durch seine gepflegte Einrichtung und gehobenes Kerzenschein-Ambiente auffällt, aber nicht die grandiose Fusion-Küche erahnen lässt. Das Motto lautet „Thai Cuisine trifft Mittelmeer“ und ich bin neugierig darauf, ob sich die beiden geschmacklich vertragen. Die 20 Plätze füllen sich im Laufe des Abends, während wir überglücklich (und angeschäkert) unser letztes Reisebudget auf den Kopf hauen. Einem Thunfisch-Tartar mit Avocado-Mousse und Passionsfrucht folgt das auf gerösteten Ananas und grünem Spargel in Wasabi gebettete Thunfisch-Steak mit Jasmintee-Kruste. Das Finale bildet die geeiste Mangosuppe mit Lychee Granita. Ob es geschmeckt

hat? Die Kochkunst des Barracuda Teams, darunter ein vor drei Jahren ausgewanderter Deutscher, kann sich mit internationalen Spitzenköchen messen. Einfach fantastisch! Und wir haben sogar Frieden mit Jasmintee schließen können.

Déjà-vu

Wie am Anfang unserer Reise schreit sich mein Baby (ich darf es noch so nennen, bevor es in 48 Stunden ein Kleinkind wird) des Nachts in 30-minütigem Abstand die Seele aus dem Leib. An Schlafen ist nicht zu denken. Als wir mit müden Augen den Terrassentisch decken, zücken Gärtner auf dem benachbarten Grundstück die Heckenschere. Und ganz unbemerkt schleicht sich Lek zum letzten Mal an uns heran. Wehmütig im Garten sitzend, bezahlen wir die Stromrechnung. „You come back, eh!“, singt sie mir ins Ohr, „I now used to you.“. Nachdem Carl ihr ein selbstgemaltes Bild von einem Schneemann überreicht und wir ihr ein Foto von einem selbstgebauten Exemplar versprechen, einer Wetterlage, die in ihren Augen kaum vorstellbar ist, steht sie auf und verbeugt sich in graziöser Zeitlupe. Überwältigt von aufkeimendem Abschiedsschmerz und Dankbarkeit, dass sie für uns da war, verdränge ich alle kulturellen Unterschiede. Komm Lek, lass dich knuddeln! Sie scheint es zu ahnen, denn sie macht einen großen Schritt zurück und wai-t noch einmal, noch tiefer. Dann geht sie lautlos weg.
Jetzt ist Birgit dran. Viel Zeit habe sie nicht, denn ihre Nichte warte bereits, erklärt sie. Gemeinsam mit ihrem Besuch aus der Heimat wolle sie nach Laos reisen. Kurzurlaub in Vientiane.

Bedächtig überreicht mein Sohn dem kleinen Kit einen Teil seiner Spielzeuge, der laut losquiekt und sofort das erste Flugzeug startet. Auch Aom und Malee, Muh und dem dänischen Opa sowie der dicken Bauarbeiterin schenkt er gemalte Kunstwerke, nachdem der Brio mit einer jungen Thai weggefahren ist. „Everything same same“, ist sie überzeugt, als ich ihr das Heck und die Maiskörner in den Gurtschlitzen gezeigt und sie den Kleinwagen mindestens 150 Mal umrundet hat.
Bei Mama Terrace House verweigert Johann lautstark den mitgebrachten Möhren-Kartoffelbrei. Zufrieden ist er erst, als ich ihn mit meinem Tintenfisch in Knoblauch- und Pfeffersauce füttere. Es folgt ein letzter Spaziergang entlang des Bang Por Beaches, bis die Zeit zum Packen gekommen ist. Ich klaube die nicht benutzten Sachen aus den Schränken, frage mich, warum ich eine aufblasbare Babywanne sowie einen Fünf-Jahres-Vorrat an Shampoo, Sonnen- und Zahncreme nach Thailand geschleppt habe, Artikel, die hier zu bei uns üblichen Preisen käuflich zu erwerben sind.
Unbedingt gebraucht habe ich dagegen den Baby-Tragesitz, den mobilen Kindersitz, einen intelligent genähten Stoff-Fetzen, der – angebracht an jegliche Stuhlformen – mein Baby sitzend befestigt hat, sowie eine Thermoskanne. Neben

kleinen Tupperschüsseln, Kinder-Sonnencreme, Baby-Mückenschutzmittel und last, but not least den 375 Schnullern samt Schnullerkette.

Koh Samui, Bangkok, München, Hannover

Reise-nervös stehe ich sofort auf, als mich der Weckton daran erinnert. Jetzt gilt es, das Handgepäck für alle Eventualitäten der folgenden 22 Stunden zu rüsten. Es ist ungewohnt, lange Hosen und Socken zu tragen. So muss sich eine Wurst in ihrer Pelle fühlen, eingepfercht und im Zaum gehalten. Mein To-Do-Modus treibt mich von rechts nach links, vom Bad ins Wohnzimmer und vom Flur in die Küche, dabei treibe ich alle Jungs lautstark an. Johann spürt, dass dieer frühe Morgen anders verläuft als sonst, krabbelt zunächst interessiert, später motzend hinter mir her, nicht ohne auf dem Weg die Koffer mit großer Hingabe wieder auszuräumen. Torsten und Eike haben Zeit, sich über mich lustig zu machen. Ich kann überhaupt nicht mitlachen, weil Carl immer noch keine Zähne geputzt hat, Johann an meinem Bein mitläuft, so dass ich mich nur langsam bewegen kann und ich beim letzten Schrank-Check noch massenweise, seit acht Wochen ungetragene Kinder- und Babysocken finde. Als der Fahrer des Kleinbusses Buggy und Reisebett im Kofferraum verstaut, laufen Carl dicke Tränen über die Wangen. „Warum bleiben wir nicht hier?", schluchzt er in ohrenbetäubender Lautstärke. Auch Johann hockt neben mir im Flur und stimmt ein, indem er sich – so wie sein Bruder – die Seele aus dem Leib brüllt. Die Hektik ist zu viel für ihn. Warum jetzt? Warum gerade jetzt? Wir haben es eilig, warum dreht ihr beiden genau jetzt durch? Eigentlich weiß ich es, im Grunde genommen lassen beide nur heraus, was auch ich fühle: Unruhe, Abschiedsschmerz, Neugierde auf einen Neuanfang und das Verabschieden der eigenen Seele, damit sie sich in ihrem Tempo auf die Reise machen kann.
Im Minibus sind die Tränen getrocknet. Mit neun Gepäckstücken, zwei Kindern und drei Erwachsenen fahren wir ein letztes Mal die Ringstraße entlang, heute Richtung Flughafen. Als ich durch die schmutzige Fensterscheibe den vorerst letzten Blick auf die gerade erwachenden Orte Maenam und Bophut werfe, fühle ich mich leer. Ich bin nicht traurig und auch nicht glücklich. Irgendwie bin ich alles auf einmal und zwar sehr viel davon. Neutralisiert.

Am Flughafen fliesst alles. In Windeseile sind wir eingecheckt, haben das Gepäck aufgegeben und zahlreichen freundlichen Gesichtern zurückgelächelt. Hinter der neu gebauten Shopping Plaza setzen wir uns in die Lounge-Sitzgruppen der Wartehalle, eher: offenen Tropenholz-Hütte. Mit Blick auf die Startbahn können Passagiere hier bei kostenlosen Sandwiches, Kuchen, Getränken und WiFi zur Ruhe kommen, bis sie von der Flughafen-Tram zum Flugzeug gefahren werden. Die Jungs mögen das unerwartete Frühstück. Ich auch, allerdings fühle ich mich unangenehm beobachtet. Um uns herum sitzen Alleinreisende und Paare, manche jung, andere älter. Sie scheinen die Familienshow, die wir abgeben, außerordentlich interessant zu finden. An das Gefühl, durch die Mini-Farangs im Mittelpunkt zu stehen, habe ich mich in den vergangenen Wochen längst gewöhnt. Aber das hier ist anders. Die ausgewanderten West-ler und Thais, denen wir in den letzten zwei Monaten begegnet sind, haben ausnahmslos eine Brücke zu uns geschlagen. Zwischen den fertig geurlaubten Europäern fühlt sich unser Sein wie eine Performance auf der Bühne an – mit großem Abstand zwischen Akteuren und Zuschauern. Diese Kluft wird auch beim Boarden deutlich. Während die zarten Thai-Frauen alles tun, um uns beim Zusammenklappen und Einpacken des Buggys behilflich zu sein, stehen eine Reihe Zwei-Meter-im-Quadrat-Urlauber davor, daneben und dahinter und schauen regungslos zu. Aber ich verstehe das. Selbst Schuld, wenn man mit zwei kleinen Kindern reist. Es gibt halt völlig unmögliche Eltern.

Über der Stadt schwebt die Bangkok-übliche Smog-Glocke, die unsere Sicht auf das Häusermeer und den Chao Praya Fluss mit einem Grauschleier versieht. Während des Landeanfluges versuche ich das Grummeln in meinem Herzen zu unterdrücken, das mir dass Ende unserer intensiven, zweimonatigen Familienzeit nun bewusst macht. Ich wünschte, wir hätten in unserer Reiseplanung die Station Bangkok aufgenommen. Wie gern würde ich jetzt hier bleiben und Tempel, Garküchen, Klongs und Hotels der Stadt entdecken. Nun bleiben lediglich knappe vier Stunden, die nicht für Sightseeing mit Kindern ausreichen. Auf dem Weg zu den internationalen Abflügen, durch die großen Hallen mit den überdimensionalen, halbrunden Segeln an der Fassade, finden wir den Ort, auf den wir nicht zu hoffen wagten: die Spielecke. Zwar ist sie mit vier beinlosen Holzstühlen und einem großen Holz-Tuk-Tuk übersichtlich gestaltet, aber Carl und Johann vergessen sofort die Welt um sich herum. Vor allem Johann kostet seine neue Freiheit auf zwei Beinen aus, während wir uns auf die gepolsterte Umrandung setzen, dankbar für die Pause von der mentalen Dauerpräsenz, die uns dieser Ort beschert. Noch einmal durchatmen, bevor strapaziöse, nervenaufreibende und zermürbende zwölf Stunden Langstreckenflug beginnen. Der Rückflug ist ein Tagflug, das heißt, ich mache mir keine Hoffnungen, dass er auch nur annähernd problemlos vonstatten geht wie die Anreise.

Noch vor den First-Class-Passagieren dürfen wir uns an Board einrichten. Wiederum erfüllen sich meine Erwartungen an den Flug nicht. Denn während eine Stewardess mit Johann spazierengeht, bereitet die andere sein Babygläschen zu. Für den Mittagsschlaf dürfen wir eine weitere Sitzreihe nutzen, danach spielen die Flugbegleiterinnen mit beiden Jungs auf der freien Bodenfläche an den Notausgängen, darunter Nareecha, eine anmutige, hochgewachsene Schönheit, die mit ihren schulterlangen Haaren und schwarzen Augen meinem Fünfjährigen den Kopf verdreht. Bei der Landung ist die ganze Familie ausgespielt, ausgetobt, satt und zufrieden. Müde sind wir, aber nicht erschöpft.

Erstaunlich ist, dass uns die liebevoll-lustigen Münchner Flughafenmitarbeiter bei einer kurzen Verwirrung über Gepäck und Weiterflug mit einem ebenso großem Lächeln im Gesicht begegnen. Die an diesem Freitagabend am Airport umherschwirrenden Menschen sehen zwar durchweg farblos, gehetzt und in sich gekehrt aus, aber alle sind unerwartet freundlich.

Die letzte Teilstrecke ist vor allem kurz. Johann schläft, Carl schwärmt von Nareecha und mir wird bewusst, dass uns in Hannover ein Temperaturunterschied von 30 Grad erwartet. Bevor wir das Flughafengebäude verlassen und dem Fahrer folgen, dessen Schild unseren Namen trägt, klauben wir Regenjacken und Schals aus den Koffern, um die Kinder einzumummeln, als machten wir eine Expedition zum Nordpol. Es ist 22:30 Uhr, dunkel und bitterkalt.

Unglaublich, wie trocken diese Luft ist! Sie fühlt sich an, als würde sie von meiner Haut abprallen.

Unglaublich, wie eben und glatt diese Straßen sind! Das Auto der Transferfirma rollt über den Asphalt als würde es fliegen.

Unglaublich, wie viele Ampeln es hier gibt! An jeder Ecke müssen wir warten. Naturgemäß ist um diese Uhrzeit nicht viel Verkehr, aber es dauert eine halbe Ewigkeit, bis das leuchtende Rot vor der Windschutzscheibe verschwindet. Dies sind die drei ersten Beobachtungen auf heimischem Boden. Für mehr bleibt keine Energie mehr. Heizung an. Schlafanzug an. Katzenwäsche. Einkuscheln. Licht aus. Ankommen.

Weiter geht`s

Während wir – schneller als erhofft – in den deutschen Alltag zurückfinden, steht Lek im Garten und wässert den Bouganvillea-Busch. Es ist ein heißer Tag. Um Kopf und Schultern hat sie ein Handtuch gewickelt, so dass nur noch ihre Augen und Nase der Sonne ausgesetzt sind. Leks Blick fällt auf die dicke Bauarbeiterin, die – ebenfalls beobachtet vom französischen Bauherrn – die südliche Hauswand verspachtelt. Lek muss sich beeilen, denn pünktlich um 14 Uhr schließt der Kindergarten. Nachdem auch die Bananenstaude ausreichend gegossen ist, lässt sie den Schlauch im Garten liegen. Den Rest will sie erledigen, wenn ihr Enkel, der kleine Sulak, bei ihr ist.

Unterdessen massieren Mai, Nat und Ahm in Chaweng, Bobhut und Ao Nang Urlauber aus Russland, Indien und Australien. Ihre Handgriffe sitzen, so dass die vor ihnen liegenden Damen und Herren leise aufstöhnen. In Gedanken sind sie allerdings bei ihren Familien und dem nächsten Essen. „Finis", singen sie den tiefenentspannten Fremden zu.

Bei Opa Kak klingelt das Telefon. Es ist ein lautes Klingeln, damit er es auch ja nicht überhört. Kak bricht den Abschlag ab, lehnt den Schläger an das Golfcart und nimmt ab.
„Eh?“
„Guten Tag, Khun Kak, hier spricht Yaa, die Enkelin von Khun Sangnannam Sriwongklang. Ich suche nach Möglichkeiten, in den nächsten Monaten eine Baufirma mit der Erweiterung unseres Hotels zu beauftragen.“
Kak lächelt. Selbstverständlich wird er ihr helfen.

Zur selben Zeit sitzen Matthias Bück, Kate und Thomas verschwitzt im Bus, der sie nach der quartalsweisen Erneuerung ihrer Aufhenthaltsgenehmigungen aus Malaysia zurück nach Nathon bringt. Die Klimaanlage ist seit Stunden ausgefallen, und die Auswanderer machen das Beste daraus. Während sich die Hochzeitsplanerin ihrem Smartphone widmet, tauschen Matthias und Thomas Geschichten aus. „Vor zwei Wochen bin ich einen halben Tag lang durch Chaweng, Maenam und Bophut gefahren, um jeden kleinen Seven-Eleven abzugrasen. Auf der ganzen nördlichen Insel gab es keine Servietten mehr!“, berichtet Matthias. Thomas zuckt mit den Schultern, er kennt diese Herausforderungen zur Genüge, verschweigt ihm aber seine Vorratsstrategie. Wenn Migros, der Großmarkt, oder Tesco Lotus für die Gastronomie benötigten Utensilien vorrätig hat, muss man einfach zuschlagen und horten. Also, ihm fehlten in den letzten 15 Jahren keine Servietten. Wenn man nicht lamentiert, die Ärmel hochkrempelt und einfach macht, dann kommt man in Thailand gut zurecht, denkt er beim Blick aus dem schmutzigen Fenster. Das Leben soll schließlich „sanuk“ bringen. Irgendetwas unversucht lassen, Träume nicht zu realisieren oder jemand anderen – egal ob Staat, Gesetzen oder dem Nachbarn – die Schuld zu geben, das können die machen, die in Deutschland bleiben. Er wischt sich den Schweiß von der Stirn und betrachtet die vorbeisausende Landschaft.
Ihr Leben, unser Leben, dein Leben, alles „same same, but different“.

Jetzt ist er da, der Abschiedsschmerz. Er tut weh. Höllisch weh. Was machen wir hier? Warum sind wir nicht geblieben? „Nach der Reise ist vor der Reise“, tröstet mich eine Freundin. Und recht hat sie. In unserer Küche hängt ein Gedicht von Wilhelm Busch (1832-1908), das ich vor Ewigkeiten aus einer Trash-Frauenzeitschrift ausgeschnitten habe. Das dünne Papier des Schnipsels ist mittlerweile ganz flattrig, geknickt und erinnert mich jeden Tag an:

Viel zu spät erkennen viele
die versäumten Lebensziele:
Freude, Schönheit der Natur,
Gesundheit, Reisen und Kultur,
Darum, Mensch, sei zeitig weise!
Höchste Zeit ist's! Reise, reise!

Erwähnenswert

Alle Geschehnisse und Eindrücke unterliegen selbstverständlich meiner subjektiven Wahrnehmung, weiterführende Informationen habe ich von Einheimischen bzw. Auswanderern erhalten oder mit bestem Wissen und Gewissen recherchiert. Die Personen aus meiner Erzählung sind allesamt real, auch wenn ich einige Namen geändert habe, weil mich die betroffenen Personen entweder darum gebeten haben oder ich ihre Anonymität gewährleisten wollte.

Jegliche Preisangaben liegen dem Umrechnungskurs zum Zeitpunkt unserer Reise zugrunde, und alle touristischen Daten wurden freundlicherweise von der TAT (Tourism Authority of Thailand) zur Verfügung gestellt, sie beziehen sich auf die Jahre 2011 und 2012.
In der thailändischen Sprache wird bei der Anrede Erwachsener das Wort „Khun" („Herr", „Frau", „Fräulein") vor den Namen gestellt, und zwar auch dann, wenn man sie auf Englisch anspricht oder über sie spricht. Darauf habe ich vor dem Hintergrund des besseren Leseflusses verzichtet.

Versprochen ist versprochen:

Kap Khun Kah an die Schwimmboje, den Wildling und HKP-, NKP1- und NKP2-Sozius. 1.000 mal mehr als unendlich! Nicht vergessen: sofort BM einbuchen!
Danke an alle Leser, die mit uns gemeinsam gereist sind. Danke an alle Menschen, denen wir begegnet sind und die immer ein Teil von uns bleiben werden.

Und natürlich Danke an alle diejenigen, die mir auf ganz unterschiedliche Weise beim Schreiben geholfen haben:
Eike S., Lore B., Inga H., Alexa H., Carola W., Susanne Br., Laura S., Karmen P.-L., Bea F., Juliane V., Sarah F., Alexandra S., Renate L., Guido W., Christian K., Hardy M., Maike M., Susanne Bö., Jana J., Doreen D., Waltraud, BiBi, Nina B., Regina K., Bettina E., Silke Bü., Claudia K., Frau Motz, Bernd E., Irina R., Romy H., Georg B., Mona B., Dennis B., Unda K., Ralf N., Annette K., Andrea S., Klaus S. und noch weitere, die mir bestimmt in genau diesem Moment wieder einfallen.

Südseetraum Samoa

Eine Reise zwischen Tradition und Moderne

Liebenswertes Portrait der ehemaligen deutschen Kolonie in der Südsee mit viel Humor und fundierten Kenntnissen. Oft mit einem amüsierten Blick.
Brochierte Ausgabe

Ca. 206 S
15,90 €

Kilimandscharo - Aufs weiße Dach Afrikas

Gespensterbäume, Zuckerbüsche in Tansania, ein Halt auf Sansibar

Ab auf den höchsten Berg Afrikas, ein Traum für alle Afrikaliebhaber und Bergfreunde. Beschreibung der Reise, Bezwingung des Berges und Entspannen auf Sansibar. Brochierte Ausgabe

160 S.
15,90 €

Schweden Hautnah

Eine Familie wandert aus

Zu viel Enge zu Hause, ewig dergleiche Trott und dabei Sehnsucht nach mehr im Herzen. Auf Urlaubsreisen schaut die Familie sich um. Pläne reifen und schließlich wird der Sprung nach Schweden - und auch gleichzeitig in die Selbständigkeit gewagt. Fast wär´s gescheitert ....
Brochierte Ausgabe

154 S.
15,90 €